Handbook of English Writing for Japanese Translators

● ネイティブが教える ●

英語表現辞典

メディア総合研究所
語学教育センター
❖
編著

メディア総合研究所

はじめに

「英語らしい英語」を書くための表現辞典
——私が書いた英語はネイティブにきちんと伝わるのだろうか？
——似たような意味の単語がいくつもあるけど、この単語でいいのだろうか？
英文を書くときに、こんな不安を感じたことはありませんか？
本書は、そんな方のための英語表現辞典です。学生さんからプロの翻訳家まで、英語を勉強している方／英語に係わる仕事をしている方であれば、どのような方にも活用していただける内容になっています。

本書の成り立ち
当社（株式会社メディア総合研究所）は、歴史ある翻訳会社であり、プロ翻訳家の養成スクールも運営しています。その通信教育の教材として開発されたのが、本書の英語版である『Handbook of English Writing』です。このハンドブックは、英文の校正を担当するネイティブの講師陣が、日本人に多い誤りを正すために開発したものですが、受講生やプロ翻訳家の方々に大変好評を博しました。今回、このハンドブックを翻訳・再編し、『ネイティブが教える英語表現辞典』として刊行することになりました。

本書の構成
本書は二部構成になっています。
第1部　基本表現
　「数」「時間」「原因と結果」などの基本的なテーマについて、英語らしく表現するためのテクニックと豊富な例文を紹介しています。なかでも「形」「位置・場所」については、イラスト入りでわかりやすく説明しています。

第2部　間違えやすい表現・用語
　日本人が間違えやすい表現や、用語の使い分けについて説明しています。似たような言葉におけるニュアンスの違いについても詳しく解説しています。

辞書プラスこの一冊
ネイティブに通じる英語を書くために、ぜひ本書を手許に置いて活用してください。

メディア総合研究所　語学教育センター

本書の使い方

項目を選ぶ
①表現で検索
　「比較」「目的」「結果」などの表現を探すには、目次をご覧ください。
②単語で検索
　日本語の単語は和文索引、英語の単語は欧文索引をお使いください。前置詞など、いろいろな語法に使われる単語については、（　）内に語法が示してあります。

使い方の例
①「たばこを吸うとガンになる」を英訳する
　この例文は"原因"と"結果"を表わす表現が使われており、"原因"が主語になりますので、目次で第1部第10章「原因・結果・理由」の「1.『原因』を主語にした表現」を参照します。
　〈Smoking causes cancer.〉とすると、結果が直接、すぐに現われることを示すことがわかります。この形は強い勧告などの場合に使われます。（実際に、ヨーロッパでこのようにパッケージに印刷したものが売られています。）
　〈Smoking leads to cancer.〉とすると、結果が間接的に、徐々に現われることを示すことがわかります。この形は同じ勧告でも、〈cause〉を使うよりはやわらかい感じになります。（「吸いすぎに注意しましょう」であれば〈Excessive smoking leads to cancer.〉が適当な訳になります。）
②「年収が1000万円以下の人」を英訳する
　第2部第2章「間違えやすい日本語表現」の「6.『以上』『以下』」を参照します。所得税のように、1円でも超えると税率や控除額が変わるような場合には、正確に訳す必要がありますので、〈less than ...〉ではなく、〈... or less〉を使って、〈a person whose annual income is ¥10,000,000 or less〉とします。
③「排気ガスの窒素酸化物の濃度を測定する装置」を英訳する
　"装置"の訳語に何を選ぶかを決めるには、第2部第3章「似ている語の区別」の「11. 機器・装置・道具」を参照します。「装置」は〈equipment / device / apparatus / instrument〉などが考えられ、実際どれを使って訳しても間違いではありませんが、この場合は正確さ、精密さが求められますので、〈an instrument for measuring the concentration of nitrogen oxides in exhaust gas〉が最も適していることがわかります。

目　次

まえがき …… 3
本書の使い方 …… 4

第1部◉基本表現 …… 13

第1章　外観・性質 …… 15
① 形 …… 16
　1 二次元の形 …… 16
　2 三次元の形 …… 18
　3 身近なモノの形に例えて表現する …… 20
　4 表面の形状 …… 21
　5 細長い形 …… 22
　6 先端の形 …… 22
　7 縁・端の形 …… 22
② 大きさ …… 23
　1 寸法 …… 23
　2 面積・容積・重量 …… 25
③ 部分名称（〈side〉〈surface〉〈edge〉など）…… 26
④ 素材 …… 34
　1 素材の種類 …… 34
　2 素材の特性 …… 35
⑤ 味・におい …… 37
　1 味 …… 37
　2 におい …… 37
⑥ 色・透明度・光沢 …… 38
　1 色 …… 38
　2 透明度・光沢 …… 40
⑦ 模様・線 …… 41
　1 模様 …… 41
　2 線 …… 43
⑧ 穴の種類と形 …… 44

5

第2章　数 …… 47
　1 整数 …… 48
　　1 表記ルール（アルファベットか数字か）…… 48
　　2 大きな数の表記 …… 50
　　3 TPOにあわせた表記法 …… 54
　2 分数 …… 55
　3 小数 …… 57
　4 序数 …… 58
　5 概数（およその数）…… 60

第3章　単位 …… 65
　1 国際単位系（SI）とメートル法 …… 66
　2 ヤード・ポンド法 …… 68
　3 表記のポイント …… 69
　　1 数値の表記（アルファベットか数字か）…… 69
　　2 単位の表記（文字か記号か）…… 70
　　3 単位記号・短縮形に関する注意点 …… 72
　　4 単位の単数形・複数形 …… 73
　　5 名詞を修飾する場合の注意点 …… 74
　4 単位を用いた表現例 …… 75
　　1 具体的な単位数量を表わす …… 75
　　2 およその単位数量を表わす …… 76

第4章　時間 …… 77
　1 日付・曜日・時刻 …… 78
　　1 年月日の表記順序（アメリカ式とイギリス式）…… 78
　　2 曜日・月の略号 …… 78
　　3 年号・年代・世紀 …… 79
　　4 時刻 …… 80
　　5 前置詞の使い分け〈at / on / in〉…… 81
　　6 期限・対象期間を厳密に表わす …… 82
　2 時間の流れを表わす …… 83
　　1 順序を表わす …… 83
　　2 前後関係を表わす（〈before / after〉と〈earlier / later〉）…… 84
　　3 期間を表わす …… 85

- 4 同時に起きている状態を表わす …… *86*
- 5 日本人が間違えやすい表現 …… *88*

第5章 位置・場所・方向性 …… *89*
- 1 **位置・場所** …… *90*
  - ◆**基本編**
    - 1「点」との関係で表わす …… *91*
    - 2「線」との関係で表わす …… *93*
    - 3「面」との関係で表わす …… *95*
    - 4「領域」との関係で表わす …… *98*
    - 5「空間」との関係で表わす …… *99*
  - ◆**応用編**
    - 6 遠近で表わす …… *101*
    - 7 ある点からの距離で表わす …… *104*
    - 8 並び順で表わす …… *106*
    - 9 囲まれた状態を表わす …… *107*
    - 10 向きを表わす …… *108*
    - 11 垂直方向の位置関係を表わす …… *112*
    - 12 その他（位置合わせ・並列・角度など）…… *115*
- 2 **日本人が間違えやすい表現** …… *117*
  - 1 位置と場所の表現を正しく使い分ける …… *117*
  - 2 前置詞を正しく使い分ける …… *119*
- 3 **方向性と動き** …… *122*
  - 1 方向性を表わす …… *122*
  - 2 様々な動きを表現する …… *125*

第6章 程度・比較 …… *127*
- 1 **程度** …… *128*
  - 1 相対的な程度を表わす …… *128*
  - 2 絶対的な程度を表わす …… *130*
  - 3 その他の便利な表現 …… *132*
- 2 **比較** …… *133*
  - ◆**基本編**──単純に比較する …… *133*
    - 1 比較級・最上級 …… *133*
    - 2 等しい状態（A＝B）を表わす …… *135*

■3 等しくない状態（A≠B）を表わす …… *136*
　　■4 数の比較・量の比較 …… *137*
　　■5 〈greater / larger / higher〉の使い分け …… *138*
　　◆応用編──具体的に比較する …… *139*
　　■6 違いを数値で表わす …… *140*
　　■7 違いの程度を表わす …… *141*

第7章　頻度・確率 …… *145*
　①**頻度** …… *146*
　　■1 頻度のニュアンスを表わす …… *146*
　　■2 頻度を具体的な数値で表わす …… *147*
　②**確率のニュアンスを表わす** …… *150*

第8章　傾向・変化・変動 …… *153*
　①**傾向** …… *154*
　②**変化** …… *155*
　　■1 変化のスピードを表わす …… *155*
　　■2 変化の程度を表わす …… *156*
　　■3 変化を具体的な数値で表わす …… *158*
　③**変動** …… *160*

第9章　割合・比率 …… *163*
　①**全体に占める割合を表わす（proportion）** …… *164*
　　■1 割合を明確な数値で表わす …… *164*
　　■2 〈proportion〉を使った表現 …… *165*
　　■3 割合を感覚的に表わす …… *166*
　②**比を表わす（ratio）** …… *168*
　③**単位あたりの数量を表わす（rate）** …… *169*
　④**倍数を表わす** …… *170*

第10章　原因・結果・理由 …… *173*
　①**「原因」を主語にした表現** …… *174*
　　■1 直接的原因 …… *174*
　　■2 間接的原因 …… *180*

② 「結果」を主語にした表現 …… 182
③ 理由 …… 184

第11章　目的・機能 …… 187
① 目的を表わす表現 …… 188
　1 〈to〉を使った表現 …… 188
　2 目的を強調する表現 …… 188
② 機能を表わす表現 …… 189
　1 具体的な機能を表わす動詞 …… 189
　2 その他の便利な表現 …… 189
　3 機能を強調する表現 …… 191

第12章　手段・方法 …… 193
① 手段・方法を表わす用語 …… 194
② 手段・方法を表わす表現 …… 198
　1 〈by〉を使う …… 198
　2 〈with〉を使う …… 201
　3 〈by〉〈with〉〈by using〉〈using〉の使い分け …… 201
　4 〈through〉と〈via〉を使う …… 205

第13章　定義・説明 …… 207
◆基本編
① 定義文・説明文 …… 208
　1 定義文の基本構成 …… 208
　2 説明のバリエーション …… 209
② 形容詞を使いこなす …… 210
　1 形容詞の順序 …… 210
　2 複合形容詞 …… 211
　3 接尾辞（〈-able〉など） …… 213
　4 形容詞の役割をする名詞 …… 214
◆応用編
③ 製品説明 …… 214
　1 製品説明の基本構成 …… 214
　2 仕様表を利用する …… 216

第2部　間違えやすい表現・用語 …… 219

第1章　間違えやすい英語表現 …… 221
1. **other / another** …… 222
2. **否定詞 +〈all / every / each / any〉** …… 224
3. **both** …… 226
4. **hardly / scarcely / barely / seldom / rarely** …… 227
5. **could** …… 228
6. **possible** …… 231
7. **respectively** …… 233
8. **number** …… 234
9. **made +〈of / from / with / by〉** …… 237
10. **by / until** …… 238

第2章　間違えやすい日本語表現 …… 241
1. **「ほとんど」** …… 242
2. **「あまり～ない」** …… 243
3. **「～（し）やすい」「～（し）にくい」** …… 244
4. **「～しなければならない」「～すべきだ」** …… 246
5. **カタカナ** …… 248
6. **「以上」「以下」** …… 249

第3章　似ている語の区別 …… 251
◆名詞編
1. **仕事・職業・労働** …… 252
   work / business / labor / job / task / employment / occupation / trade / profession
2. **能力** …… 255
   ability / capacity / potential / aptitude / faculty / competence / capability / skill / talent
3. **性質・特徴** …… 257
   character / nature / characteristic / feature / property / quality
4. **物質** …… 259
   matter / substance / material

5 影響 …… *261*
   effect / influence / affect
6 地域 …… *263*
   area / region / district
7 調査・研究 …… *264*
   research / investigation / study
8 料金・価格・費用 …… *265*
   fee / fare / price / cost / charge / expense / expenditure / payment
9 内容・成分・要素 …… *268*
   content / contents / component / constituent / ingredient
10 公害・汚染・異物 …… *270*
    pollution / contamination / foreign body / foreign matter
11 機器・装置・道具 …… *271*
    equipment / apparatus / machine / device / unitなど

◆動詞編
12 〜を可能にする …… *276*
    allow / make possible / enable
13 増える（増やす）・伸びる（伸ばす）…… *278*
    expand / extend / increase
14 交換する・代用する …… *279*
    exchange / change / replace / substitute
15 知らせる・教える …… *281*
    inform / notify / tell / teach
16 説明する・述べる …… *282*
    describe / explain / illustrate / state / mention
17 より良くする …… *284*
    improve / enhance / augment / reform / develop
18 適合させる・採用する …… *287*
    adapt / adopt
19 変化する・変動する …… *289*
    change / vary / fluctuate
20 〜を含む・〜で構成される …… *290*
    contain / include / consist / compriseなど

◆その他編──形容詞・副詞・接続詞など

21 **一般的** …… *293*

 common / popular

22 **違う・異なる** …… *294*

 〈distinct〉と〈different〉、〈distinguish〉と〈differentiate〉

23 **個別の** …… *296*

 individual / separate

24 **効率的・効果的** …… *297*

 efficient / effective / efficacious

25 **人工的な・不自然な** …… *298*

 man-made / synthetic / artificial / unnatural

26 **電気の・電子の** …… *300*

 electric / electrical / electronic(s)

27 **たとえば・〜のように** …… *301*

 for example / for instance / e.g. / such as / like / as / say

28 **つまり・言い換えれば** …… *304*

 namely / indeed / that is / or / in other words

 和文索引 …… 308

 欧文索引 …… 315

第1部
基本表現

第 1 章

外観・性質

1. 形……16
   1. 二次元の形……16
   2. 三次元の形……18
   3. 身近なモノの形に例えて表現する……20
   4. 表面の形状……21
   5. 細長い形……22
   6. 先端の形……22
   7. 縁・端の形……22

2. 大きさ……23
   1. 寸法……23
   2. 面積・容積・重量……25

3. 部分名称……26

4. 素材……34
   1. 素材の種類……34
   2. 素材の特性……35

5. 味・におい……37
   1. 味……37
   2. におい……37

6. 色・透明度・光沢……38
   1. 色……38
   2. 透明度・光沢……40

7. 模様・線……41
   1. 模様……41
   2. 線……43

8. 穴の種類と形……44

1 形

1 二次元の形

❶多辺形

▶ **square**（正方形・四角）

A **square** table
（四角いテーブル）

▶ **rectangle**（長方形）

The board is **rectangular**.
（その板は長方形だ。）

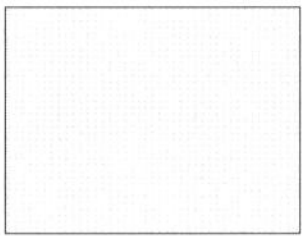

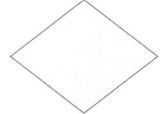

▶ **rhombus**（菱形）

It is **rhomboid** (in shape).
（これは菱形だ。）

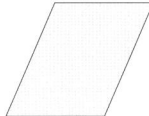

▶ **rhomboid**（偏菱形）

It is **rhomboidal** (in shape).
（これは偏菱形だ。）

▶ **trapezoid**（台形）

The roof is **trapezoid**.
（その屋根は台形である。）

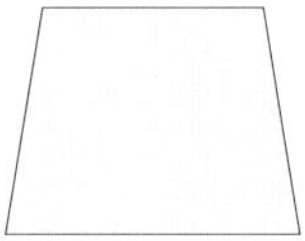

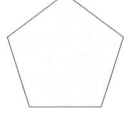

▶ **pentagon**（五角形）

The building of the Ministry of Defense is **pentagonal**.
（国防省の建物は五角形をしている。）

▶ **hexagon**（六角形）

The coin is **hexagonal**.
（このコインの形は六角形である。）

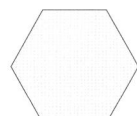

▶ **heptagon**（七角形）

　The coin is **heptagonal**.
　（このコインの形は七角形である。）

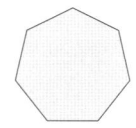

▶ **octagon**（八角形）

　The box is **octagonal**.
　（その箱は八角形をしている。）

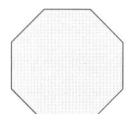

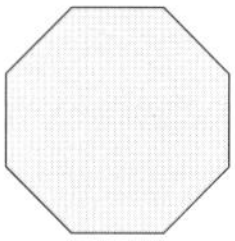

❷円と楕円

▶ **circle**（円）

　The coin is **circular**.
　（このコインは円形である。）

▶ **semi-circle**（半円）

　A **semi-circular** table
　（半円形のテーブル）

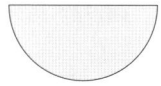

▶ **ellipse / Oval**（楕円）

　An **elliptical** mirror
　（楕円形の鏡）

▶ **crescent**（三日月形）

　A **crescent**-shaped dune
　（三日月形の砂丘）

❸三角形

▶ **triangle**（三角形）

　The road traffic sign is **triangular**.
　（その道路標識は三角形である。）

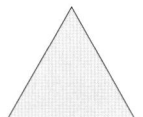

❹渦巻

▶ **spiral**（渦巻・らせん）

　It is **spiral** (in shape).
　（これは渦巻状だ。）

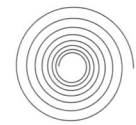

❺ 図形の各部

▶ **diagonal**（対角線）

▶ **perimeter**（外周）

a + b + c + d = Perimeter

The **perimeter** of a baseball diamond is approximately 110 m.
（内野の外周は約110メートルである。）

▶ **center**（中心点）

Circumference（円周）

▶ **arc**（円弧）
▶ **chord**（弦）
▶ **diameter**（直径）
▶ **radius**（半径）
▶ **segment**（弓形）
▶ **tangent**（接線）

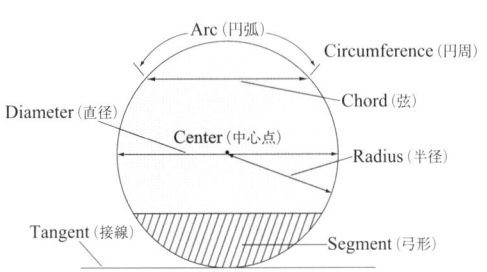

2 三次元の形

▶ **cylinder**（円柱）

A **cylindrical** pipe
（円筒パイプ）

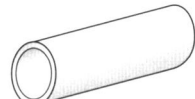

▶ **tube**（管・筒……円柱よりも細い）

A fluorescent light is **tubular**.
（蛍光灯は管状である。）

▶ **sphere**（球）

A **spherical** antenna
（球状アンテナ）

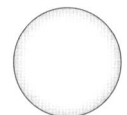

▶ **ovoid**（卵形）
It is **ovoid** (in shape).
（これは卵型をしている。）

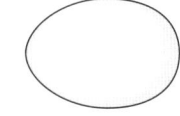

▶ **prisms**（角柱……上面と底面が平行で合同な多角形）
A triangular **prism**（三角柱）
A hexagonal **prism**（六角柱）

▶ **pyramids**（角錐・ピラミッド型）
A quadrilateral **pyramid**（四角錐）

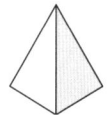

▶ **cone**（円錐形）
Mt. Fuji is **conical**.
（富士山は円錐形をしている。）

▶ **cube**（立方体）
Dice are **cubic**.
（サイコロは立方体だ。）

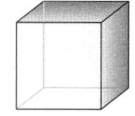

▶ **helix**（らせん）
The tubing is **helical**.
（このチューブはらせん状になっている。）

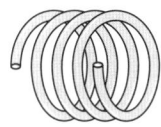

▶ **roll**（ロール・巻……幅が広く厚さが薄いものを円柱状に巻いたもの）
A **roll** of film
（フィルム1巻）

▶ **coil**（コイル－紐や針金を円柱状に巻いたもの）
A wire **coil**
（電線コイル）

❸ 身近なモノの形に例えて表現する

▶ **T-shaped**（T字型）
A **T-shaped** intersection
（T字路）

▶ **U-shaped**（U字型）
The pipe is **U-shaped**.
（このパイプはU字型をしている。）

▶ **V-shaped**（V字型）
A **V-shaped** groove
（V字型の溝）

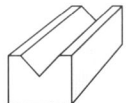

▶ **pear-shaped**（西洋梨型）
An electric light bulb is **pear-shaped**.
（白熱電球は西洋梨の形をしている。）

▶ **heart-shaped**（ハート型）
These cookie cutters are **heart-shaped**.
（このクッキーの抜き型はハートの形をしている。）

▶ **mushroom-shaped**（キノコ型）
A **mushroom-shaped** pin
（キノコの形をした鋲）

▶ **clover-shaped**（クローバー型）
A propeller is **clover-shaped**.
（プロペラはクローバーの形をしている。）

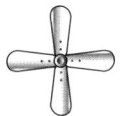

4 表面の形状

▶ **flat**（平らな）
The roof is **flat**.
（屋根は平らだ。）

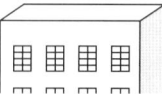

▶ **curved**（湾曲した）
Curved garden seats
（湾曲型の庭椅子）

▶ **concave**（凹面の）
A **concave** lens
（凹レンズ）

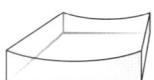

▶ **convex**（凸面の）
A **convex** mirror
（凸面鏡）

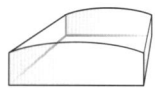

▶ **grooved**（溝のある）
The block is **grooved**.
（このブロックには溝が入っている。）

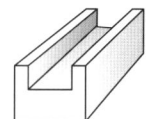

▶ **ridged**（ひだ・うねの入った）
The block is **ridged**.
（このブロックは畝入りである。）

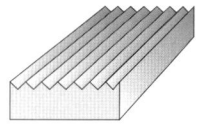

▶ **embossed**（打ち出し・浮き彫りの）
The medallion is **embossed**.
（このメダルには浮き彫りが施されている。）

▶ **engraved**（彫刻・刻印した）
The ring is **engraved**.
（このリングは彫刻されている。）

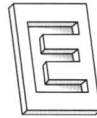

5 細長い形

▶ tapered（先が細くなった）

▶ bent（曲がった）

▶ curved（湾曲した）

▶ twisted（ねじれた）

6 先端の形

▶ pointed（とがった）

▶ rounded（丸い）

▶ flat（平らな）

7 縁・端の形

▶ sharp / tapered（鋭い／とがった）
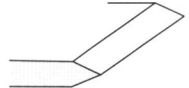

▶ rounded（丸い）

▶ flat（平らな）
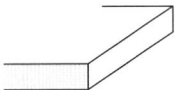

▶ beveled（斜めにカットされた）

▶ chamfered（面取りした）
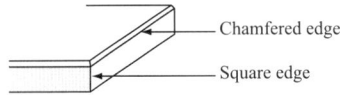

2　大きさ

1 寸法

▶ **薄く平らな物体**

The sheet of paper is 15 cm **by** 10 cm.
The sheet of paper is 15 cm **long** and 10 cm **wide**.
（この紙のサイズは縦15×横10 cmです。）

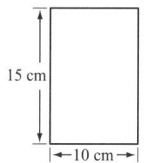

The length of each side of the paper is 10 cm.
The sheet of paper is 10 cm **square**.
（この紙のサイズは10×10 cmです。）

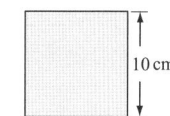

▶ **厚く平らな物体**

The book is 15 cm **by** 10 cm **by** 2 cm.
The book is 15 cm **by** 10 cm and 2 cm **thick**.
（この本のサイズは縦15×横10×厚さ2 cmです。）

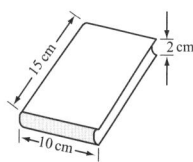

The plank is 2 m **by** 30 cm **by** 2 cm.
The plank is 2 m **long**, and 30 cm **wide with a thickness of** 2 cm.
（この厚板のサイズは長さ2 m×幅30 cm×厚さ2 cmです。）

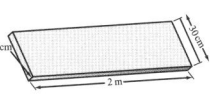

▶ **長方体・立方体**

The solid wooden block is 5 cm **high**, 10 cm **long** and 4 cm **wide**.
This solid wooden block measures **5 x 10 x 4 cm**.
This is a solid wooden block **with dimensions of** 5 by 10 by 4 cm.
This is a solid wooden block **with a height of** 5 cm, **a length of** 10 cm, and **a width of** 4 cm.
The height of the solid wooden block is 5 cm, **the length** 10 cm, and **the width** 4 cm.
（この木のブロックのサイズは高さ5 cm×長さ10 cm×幅4 cmです。）

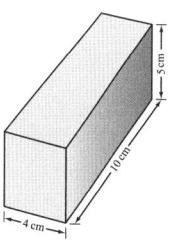

1 外観・性質

The block is 5 cm **cubed**.
The block is **5 x 5 x 5 cm**.
The block is a cube **measuring** 5 cm **along each side**.
The block is **a 5 cm cube**.
（ブロックのサイズは5×5×5cmです。）

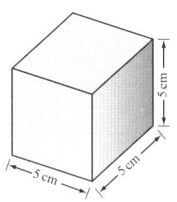

▶ 箱型の物体

The refrigerator is 60 cm **by** 45 cm and 120 cm **high**.
The dimensions of the refrigerator are 60 cm **by** 45 cm **by** 120 cm.
The dimensions of the refrigerator are **60 x 45 x 120 cm**.
The refrigerator is 60 cm **wide**, 45 cm **deep** and 120 cm **high**.
（この冷蔵庫の大きさは幅60cm×奥行45cm×高さ120cmです。）

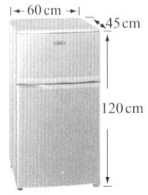

▶ 円形の物体

The table has { **a diameter of** 2 m. / a 2 m **diameter**. }
The table is 2 m { **across**. / **in diameter**. }
（テーブルの直径は2mです。）

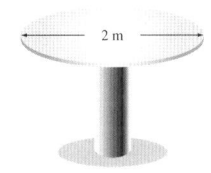

The pond is 100 m **across**.
（沼の幅は100mです。）
The pond is 800 m **in circumference**.
The circumference of the pond is 800 meters.
（沼の外周は800mです。）
The pond is 3 m { **in depth**. / **deep**. }
（沼の深さは3mです。）

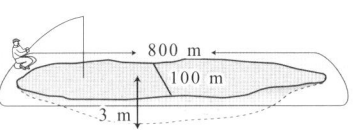

▶ 背の高い物体

The building is 381 m { **in height**. / **high**. }
The building has **a height of** 381 m.
The height of the building is 381 meters.
（ビルの高さは381mです。）

The building is 102 **stories high**.
The number of stories/floors in the building is 102.
（ビルは102階建てです。）

▶ まっすぐに立った細長い物体

The flagpole is 6 meters **tall**.
The height of the flagpole is 6 meters.
（旗ざおの高さは6mです。）

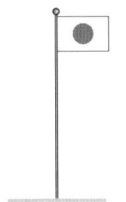

▶ 細長い棒状の物体

The umbrella is about 110 cm **long**.
The umbrella is approximately 110 cm **in length**.
The length of the umbrella is about 110 cm.
（傘の長さは約110 cmです。）

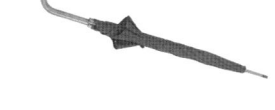

The steel bar is 20 cm **long** and **the cross-section** is $\begin{cases} \text{3 cm by 3 cm.} \\ \text{3 cm square.} \end{cases}$

（棒鋼の長さは20 cm、断面は3×3 cmです。）

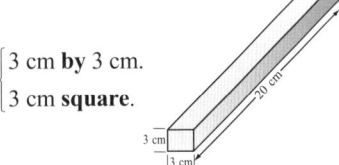

2 面積・容積・重量

▶ 面積

What is **the area of** the swimming pool?
（スイミングプールの面積は？）

The pool is 250 **square meters in area**.
The area of the pool is 10 m **by** 25 m.
The area of the pool is 250 m².
（プールの面積は250 m²です。）

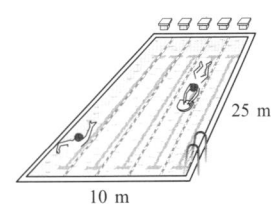

1 外観・性質

25

1 外観・性質

▶ 容積

What is **the volume/capacity** of the swimming pool?
（スイミングプールの容積は？）

The volume/capacity of the pool is 725 cubic meters.

The volume of the pool is 725 m³.
（プールの容積は725 m³です。）

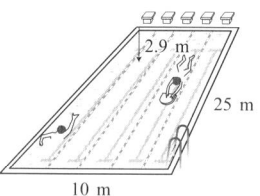

What is **the volume/capacity** of the bottle?
（ボトルの容量は？）

The bottle is 500 cc **in volume**.

The volume of the bottle is 500 cc.

This is a **500 cc / half-liter** bottle.
（ボトルの容積は500ccです。）

▶ 重量

What is **the weight** of the machine?

How much does the machine **weigh**?

How **heavy** is the machine?
（この機械の重量は？）

The machine **weighs** 350 kg.

The weight of the machine is 350 kg.

The machine is 350 kg **in weight**.
（この機械の重量は350 kgです。）

3 部分名称

▶ side

二次元の図形・物体の「辺」

The length of each **side** of the pentagon is 3 cm.
（この五角形の各辺の長さは3 cmです。）

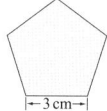

二次元の物体の「側・面」

The sheet of paper is printed on one **side** only.
（この紙は片面だけに印刷されています。）

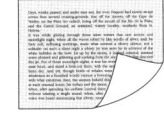

三次元の物体の「面」

A tetrahedron has four triangular **sides**.
（四面体には、三角形の面が4つある。）

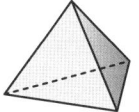

▶ back / front / top / bottom / sides
三次元の物体の「背面／前面／上面／下面／側面」

The controls for setting the alarm and time are in the **back** of the clock.
（アラームと時間の調節つまみが、時計の背面に付いている。）

The alarm button is on the **top** of the clock.
（アラームボタンは、時計の上面に付いている。）

The batteries are removed from the **bottom** of the clock.
（電池は時計の底部から取り外すことができる。）

The **front** of the clock has a square face.
（時計の前面は角型である。）

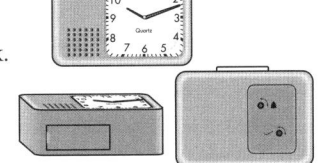

垂直に立てられた二次元の物体（写真・書類など）の「辺」

The name of the company is usually printed near the **top** of the sheet of paper.
（社名は、たいていの場合、書類の上部あたりに印刷されている。）

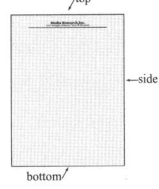

▶ surface
物体の「表面」

A sheet of plastic is used to protect the **surface** of the table.
（テーブルの表面を保護するために、プラスチックのシートを使う。）

The **surface** of the notice board is covered in green felt.
（掲示板の表面は、緑のフェルトで覆われている。）

1 外観・性質

27

1 外観・性質

▶ **face**

三次元の物体の「正面・前面・表側（露出面）」

The **face** of the bricks is glazed to protect them from the weather.
（レンガの露出面は風雨に耐えるよう、釉薬がかけられている。）

The **face** of the telephone incorporates push buttons for dialing and for selection of the extension.
（電話機の前面には、外線用と内線用の押しボタンが付いている。）

▶ **corner**

2つの辺が接する「角・隅」

Attach the sheets of paper at the top left **corner** with a stapler.
（資料の左上隅をホチキス止めしてください。）

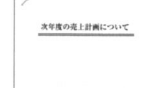

3つの面が接する「角・隅」

Each **corner** of the trunk is reinforced with special corner brackets.
（トランクの角は、特別な金具で補強されている。）

▶ **edge**

紙や刃物など薄く平たい物体の「端・へり」

To avoid touching the surface, photographic film should be held by the **edges**.
（写真フィルムを扱う際は、表面に触れないように端を持つこと。）

The **edge** of the knife is damaged.
（このナイフは刃先がこぼれている。）

紙よりも厚みのある物体の「縁」（断面）

The **edges** and top surface of the board are laminated with plastic sheeting.
（ボードの縁と表面は、プラスチックシートでラミネート加工されている。）

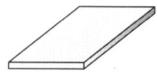

平面と平面の境界線（箱の角、崖のへりなど）

The **edge** of the packing case was dented, but the contents were not damaged.
（荷箱の縁は凹んでいたが、中身には損傷がなかった。）

He sat on the **edge** of the swimming pool.
（彼は、プールのへりに腰かけていた。）

▶ end

細長い物体（棒・板・角柱など）の「端・端面」

Two holes have been drilled in the **end** face of the shelf.
（棚板の端面には、穴が2つ空けてある。）

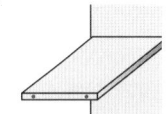

One **end** of the match is covered with a chemical compound which ignites when it is struck against a rough surface.
（マッチの先端は、粗い面に擦り付けると発火する化学物質で覆われている。）

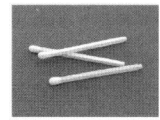

▶ tip

尖った物体の「先端」、ペン先のように小さな部品の付いた「先端部」

The **tip** of the knife is inserted into the pie at the center.
（ナイフの刃先がパイの中心に入る。）

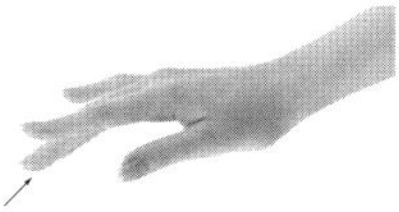

Apply the ointment with the **tip** of the finger.
（指先に軟膏をつけてください。）

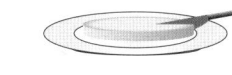

▶ lip

カップの「口」や水差しやパイプの「注ぎ口」

The **lip** of the cup is cracked and chipped.
（カップの口にひびが入って欠けている。）

The **lip** of the pipe is cut obliquely.
（パイプの注ぎ口は、斜めにカットされている。）

1 外観・性質

出っ張っている「へり・縁」

The can of paint is opened by placing a flat strip of metal under the **lip** of the lid and then pressing down on the rim of the can.
（ペンキ缶を開けるには、細長い金属片をフタのへりの下に差し込んでから、缶の縁を支点にして押し下げる。）

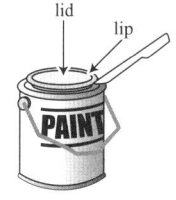

The **lip** of the stair tread must extend 3 cm beyond the riser.
（段板のへりは、蹴込みから3cm出ていなければならない。）

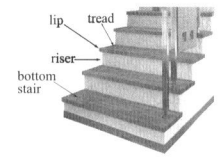

▶ rim

円形の物体（タイヤ・メガネ・お盆など）の「縁・枠・へり」
※楕円や曲線的な形の物体の場合も〈rim〉を用います。

Lift one side of the tire over the **rim** to take out the inner tube.
（タイヤの片側をリムから持ち上げて、インナーチューブを引き出してください。）

Trays usually have a **rim** or raised edge to contain spilled liquids and to prevent cups and glasses from slipping off.
（トレイには、カップやグラスが滑り落ちたり、液体がこぼれたりしないように、へりや立ち上がりがある。）

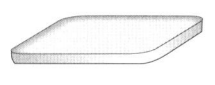

The **rim** of the dustpan stops the dust as it is brushed onto the pan.
（塵取りにはヘリが付いており、掃き集めた塵が外に出ないようになっている。）

▶ flange

軸や管、ケースなどの外周に取り付けられた「縁・つば・フランジ」
※補強・接続用の仕組み

The steel beam has a **flange** at each end.
（鉄骨の両端には、つば〔フランジ〕がある。）

▶ ring

「輪・環・リング」─平たく、幅の狭い素材を輪にしたもの

A chain usually consists of many oval metal **rings** linked together.
（鎖は、楕円形の金属の輪をつなげたものである。）

The leather strap is folded over the straight side of the **O-ring** and riveted together.
（革バンドをO字型のリングに通し、折り返した部分と共に鋲で留める。）

▶ band

「帯・バンド」……平たく、幅の広い素材を輪にしたもの

She wears a sweat**band** round her head during aerobics.
（彼女はエアロビの練習中、汗止めバンドを頭に巻いている。）

▶ belt

「帯・ベルト」……バンドよりも幅広い素材を輪にしたもの

The conveyer **belt** is joined together by metal staples.
（コンベヤのベルトは、金属の留め金で接続されている。）

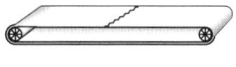

▶ facet

宝石や結晶のカットされた面＝「切り子面・ファセット」

This crystal has 12 **facets**.
（この水晶は、12面にカットされている。）

▶ frame

物を固定し、保護・補強するための「枠・骨組み」

The **frame** supports and protects the picture and holds the protective glass in place.
（額縁は、作品をしっかりと固定し、保護ガラスによって守っている。）

The **frame** of the bicycle is made of steel.
（この自転車のフレームは、スチール製だ。）

1 外観・性質

▶ border
「境界線・枠線」、あるいは縁飾りや模様としての「ボーダー」

The handkerchief has a striped **border**.
（このハンカチは縁にライン飾り〔ボーダー柄〕が施されている。）

The title at the top of the page has a **border** around it.
（本ページ最上部の表題は枠線で囲んである。）

▶ fringe
境界や端に沿って存在するもの・状態を表わす

※森や芝生、房飾りなど漠然としたかたちの集合体に使われることが多く、それ自体が明確な境界線を定めるわけではありません。

There is a **fringe** of trees along the bank of the river.
（川岸に沿って木々が並んでいる。）

This scarf has a **fringe** along two sides.
（このスカーフの2辺は、房飾りで縁取られている。）

▶ point
鋭く尖った「先端・先」

The **point** and edge of a sword are usually protected by a container called a scabbard.
（剣の切っ先と刃先は、通常「さや」と呼ばれる入れ物で保護されている。）

▶ apex
三角形やピラミッドの「頂点・先端」

There is a cross at the **apex** of the steeple which rises from the roof of the bell tower.
（鐘楼の屋根からそびえる尖塔の先端には、十字架が付いている。）

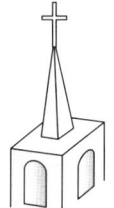

▶ head
打つ・締める・掘るなど、道具・装置で最も重要な機能を持つ「先端部分・ヘッド」を指す

Use a brush with a wide **head** for painting the walls.
（幅広いブラシの先を利用して、壁を塗装すること。）

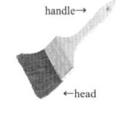

The width of the **head** of the spanner can be adjusted to the size of the nut using a screw mechanism.
（ねじの仕組みを用い、スパナのヘッド幅をナットの大きさにあわせて調整することができる。）

▶ base
物体を支える「基礎・土台」あるいは「底面」

The postcard rack has a square **base** with a cylindrical column coming from its center.
（このハガキ入れは、正方形の土台の中央から、円筒形の柱が伸びる構造になっている。）

The U-shaped metal **base** of the microscope is coated with black lacquer.
（この顕微鏡の底面はU字型で、金属を黒漆でコーティングしてある。）

▶ center / middle
物体の「中心点・中心部」

There is a lead made of graphite and clay running through the **center** of the pencil.
（鉛筆の中心には、黒鉛と粘土から作られた芯が通っている。）

There is a picture in the **middle** of the wall.
（壁の真ん中に絵が飾られている。）

▶ core

球の中心部である「核・芯」

The **core** of a golf ball is liquid.
（ゴルフボールの核は液体である。）

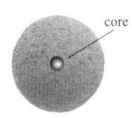

▶ shell

物体を完全に覆うもの……「殻・外皮・表面」

The **shell** of a golf ball is plastic.
（ゴルフボールの表面は、プラスチックでコーティングされている。）

4　素材

ここでは、素材の種類・特性を表わす主要な表現を紹介します。

1 素材の種類

▶ 素材が原型をとどめている場合：〈made of〉を使う

What is it **made of**?
What material is it **made of**?
（素材はなんですか？）

このような質問に対しては、次のように答えます。

The table is **made of** wood and steel.
（このテーブルは、木材とスチールでできています。）

〈made of〉の後ろには、次のような様々な素材名を入れることができます。

Organic materials（天然素材）
　　　　　：wood（木）paper（紙）leather（革）cloth（布）

Metals（金属）
: aluminum（アルミ） steel（鋼） copper（銅） lead（鉛）

Minerals（鉱物）
: stone（石） marble（大理石） granite（花崗岩） clay（粘土）

Processed materials（加工材）
: glass（ガラス） concrete（コンクリート） ceramic（陶磁器） plastic（プラスチック） nylon（ナイロン） glass fiber（ガラス繊維） laminates（積層品） alloys（合金） composites（複合材）

▶素材が原型をとどめていない場合：〈made from〉を使う

What is it **made from**?
（原料はなんですか？）

このような質問に対しては、次のように答えます。

Glass is **made from** sand and potash.
（ガラスは、砂と炭酸カリウムからできている。）

Steel is **made from** iron and carbon.
（鋼は、鉄と炭素でできている。）

Paper is **made of** pulp and **from** wood.
（紙の材料はパルプで、もととなる原料は木である。）

2 素材の特性

stiff（曲げにくい）
↕
flexible（しなやか）

Cardboard is **stiff**.
（ボール紙は曲げにくい。）
A rubber hose is **flexible**.
（ゴムホースは柔らかく曲げやすい。）

sharp（とがっている）
↕
blunt（とがっていない）

A razor is **sharp**.
（カミソリの刃は鋭い。）
A butter knife is **blunt**.
（バターナイフの刃先はとがっていない。）

1 外観・性質

1 外観・性質

fine（きめが細かい）   a **fine**-grained rock
↕   （粒子が細かい岩石）
coarse（きめが粗い）   Road metal is **coarse**.
     （舗装用砂利は粒子が粗い。）

rough（ざらざら・凸凹）   The road surface is **rough**.
↕   （道路の表面が凸凹だ。）
smooth（つるつる・滑らか）   The table surface is **smooth**.
     （テーブルの表面はつるつるだ。）

sticky（粘着性が高い）   Mochi is **sticky**.
↕   （餅はくっつく〔粘着性が高い〕。）
slippery（滑りやすい）   Wet tiles are **slippery**.
     （濡れたタイルはつるつるで滑りやすい。）

また、〈able〉などの接尾語がついた形容詞、〈-proof〉などの複合形容詞は、耐久性や特長を簡潔に表現するのに便利です。主な表現を覚えておくとよいでしょう。

▶複合形容詞の例
stainless / rustproof / corrosion-resistant（錆に強い）
water-proof（防水加工された、ウォータープルーフの）
     Aluminum is soft but **corrosion-resistant**.
     （アルミは柔らかいが錆に強い素材だ。）

▶接尾辞がついた形容詞の例
durable（耐久性がある）
malleable（展性のある）
moldable（成形できる）
     Nylon is durable and **moldable**.
     （ナイロンは耐久性が高く、成形に適している。）

●● 5 ●● 味・におい

1 味

sweet（甘い）	Sugar is **sweet**.（砂糖は甘い。）
sour（酸っぱい）	Lemon is **sour**.（レモンは酸っぱい。）
bitter（苦い）	Many medicines are **bitter**.（薬はたいてい苦いものだ。）
salty（しょっぱい）	Dried fish are **salty**.（魚の干物は塩気が強い。）
bland（淡白）	Tofu is **bland**.（豆腐の味は淡白だ。）
creamy（クリーミー）	Potage soup is **creamy**.（ポタージュはクリーミーだ。）
hot / spicy（辛い）	Indian curry is **hot**.（インドカレーは辛い。）
weak（薄い）	American coffee is **weak**.（アメリカンコーヒーは薄い。）
strong（濃い）	Turkish coffee is **strong**.（トルココーヒーは濃い。）

注：「アメリカンコーヒー」は和製英語です。正確には〈weak coffee〉といいます。

2 におい

musty / stale （むっとする・よどんだ）	A closed room is **musty**. （閉めきった部屋の空気はよどんでいる。）
fresh（新鮮な）	**Fresh** air is good for our health.（新鮮な空気は健康に良い。）
weak（においが弱い）	Tofu has a **weak** smell.（豆腐はにおいが弱い。）
strong（においが強い）	Natto has a **strong** smell.（納豆はにおいが強い。）
fragrant（香り高い）	Roses have a **fragrant** smell.（バラは香り高い。）
sweet（甘い）	Perfumes have a **sweet** smell.（香水は甘い香りがする。）

pungent
（鼻・舌を刺す刺激臭）

Ammonia is **pungent**.（アンモニアは刺激臭を発する。）

acrid
（ものが燃える時の不快な刺激臭）

Cigarette smoke has an **acrid** smell.
（タバコの煙はいやな臭いがする。）

6 色・透明度・光沢

1 色

色の表現には、次のような3つの要素があります。

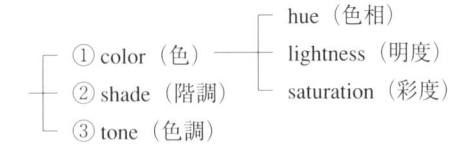

- ① color（色） ── hue（色相）
- ② shade（階調） ── lightness（明度）
- ③ tone（色調） ── saturation（彩度）

❶ color（色）

〈color〉（色）は、「色相」「明度」「彩度」という3つの属性で表現します。

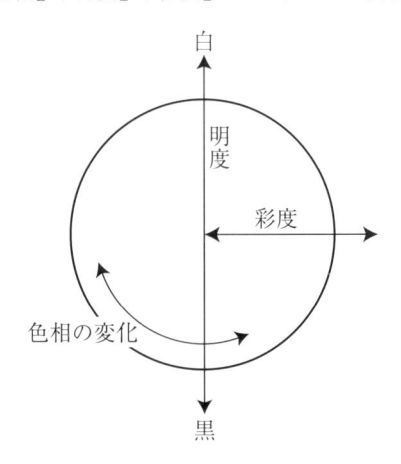

白
明度
彩度
色相の変化
黒

▶**hue**（色相）：色合い・色自体の名称
　【例】　red（赤）
　　　　　orange（オレンジ）など

　中間色は次のように表わします。
　【例】　greenish yellow（黄緑）
　　　　　reddish orange（赤みがかったオレンジ）

　天然の物質の色から付けられた名称もあります。
　【例】　mustard（からし色）
　　　　　sky blue（空色・スカイブルー）

▶**lightness**（明度）：色の明るさ・暗さの度合い
明度は、次のような形容詞で表現します。
暗　　very dark（とても暗い・明度がとても低い）
↑　　dark（暗い・明度が低い）
｜　　medium（中間的な）　　　　　　　　　　　　＋ blue
↓　　light（明るい・明度が高い）
明　　very light（とても明るい・明度がとても高い）

特に、黒から白までの濃淡は、明度を用いて表現します。
暗　　black（黒）
↑　　dark gray（暗いグレー・ダークグレー）
｜　　medium gray（中間的なグレー）
↓　　light gray（明るいグレー・ライトグレー）
明　　white（白）

▶**saturation**（彩度）：色の鮮やかさの度合い
明度は、次のような形容詞で表現します。
　　　gray (neutral)（ぼんやりした）
｜　　grayish（灰色がかった）
↓　　moderate（中間的な）　　　　　＋ purple
｜　　strong（濃い）
鮮やか　vivid（鮮やかな・ビビッドな）

「明度」と「彩度」を組み合わせた、次のような表現もあります。
【例】　brilliant　= light + strong （明るく鮮やか）
　　　　pale　　　= light + grayish （青白い）
　　　　deep　　 = dark + strong （深い）

❷ shade（階調）：「明度」や「彩度」の度合い

His tie is striped in different **shades** of blue.
（彼のネクタイは、青の濃淡のストライプ柄だ。）
The sewing thread must be a lighter **shade** than that of the material to be sewn.
（縫い糸は、縫い地より薄い色にしなければならない。）

❸ tone（色調）：「色相」や「明度」の度合い

The car is painted in two **tones**: olive green and pea green.
（その車は、オリーブ色と淡緑色のツートンカラーに塗ってある。）
The light and dark gray **tones** of the material
（明るいグレーと暗いグレーの材料）

2 透明度・光沢

透明度・光沢など、光に関する表現も覚えておくと便利です。

▶**transparent（透明な）**：光は通り抜け、はっきり透けて見える状態
　Many ball pens have a **transparent** plastic body so that you can see how much ink is left in the reservoir.
　（ボールペンの本体は、インクの残量が見えるように、透明なプラスチックでできていることが多い。）

▶**translucent（半透明な）**：光は通り抜けますが、透けては見えない状態
　Frosted window glass is translucent but not transparent.
　（曇りガラスは、光は通すが透明ではない。）

▶**opaque（不透明な）**：光は通り抜けず、透けない状態
　This paint is **opaque** enough to cover the previous layer.

（このペンキは、不透明なので下の色を隠すことができる。）

▶ **reflective / shiny**（反射する・輝く）：表面が多量の光を反射する状態
Our PDA has a low-power, **reflective** LCD.
（当社のPDA〔携帯情報端末〕は、省電力型の反射型液晶ディスプレイを搭載している。）

▶ **matte**（つや消し・マット）：表面が光を反射しない状態
A **matte** black surface is the best for absorbing heat from the rays of the sun.
（太陽光線の熱を吸収するには、つや消しの黒い表面が一番だ。）

7　模様・線

1 模様

▶ **plain**（無地の）：単色で模様なし

▶ **two-tone**（ツートン）：2色の組み合わせ
The new trains have a **two-tone** design of light and dark gray.
（新型車両は、明るいグレーと濃いグレーの2色でデザインされている。）

▶ **multicolored**（多色遣い）：3色以上の組み合わせ
The clown is wearing a **multicolored** suit.
（道化師は、色とりどりの衣装をまとっている。）

▶ **patterned**（柄入りの）：無地の背景に模様入り
This curtain material has a floral **pattern**.
（このカーテン地は花柄だ。）

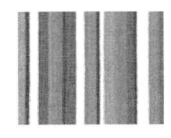

1 外観・性質

Part of the flag is a star **pattern**.
（旗の一部には、星の模様が入っている。）

A **patterned** shirt
（柄もののシャツ）

▶ spotted（斑点のある）：小さな丸い斑点入り

A **spotted** seal
（ゴマフアザラシ）

▶ striped（縞模様・ストライプ柄の）

The zebra's **striped** pattern makes it difficult to see in tall grass.
（シマウマは、体が黒と白の縞模様なので、背の高い草の中では見分けにくい。）

▶ checked（格子模様・チェック柄の）

Cowboys wear **checked** shirts.
（カウボーイはチェック柄のシャツを着る）

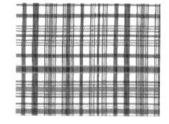

▶ mottled（ぶち・まだら）

Italian marble usually has a **mottled** pattern of green or brown on a white background.
（イタリアン・マーブルは、白地に緑や茶色のまだら模様が入っている。）

▶ dotted（水玉模様の）：規則正しく間隔を置いた小さい点々

A **dotted** scarf
（水玉模様のスカーフ）

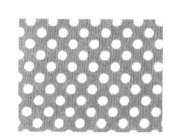

2 線

❶線の種類

A straight line（直線）　　　A curved line（曲線）

A solid line（実線）

A solid stripe（幅のある実線）

A dotted line（点線）

A dashed line（破線）

A wavy line（波線）

❷2本の線の状態

▶ **parallel**（平行の）

These two lines are **parallel** straight lines.
（この2本の直線は、平行に走っている。）

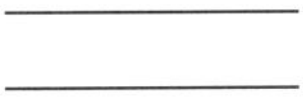

▶ **tapered**（先細りに接近する）

These lines **taper** toward one another.
They are **tapered**.
（この2本の線は、先細り状に接近している。）

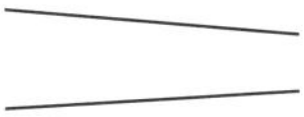

▶ **lines meet / converge**（線が接する・集中する）

These **lines meet / converge**.
（この2本の線は、1点で合わさっている。）

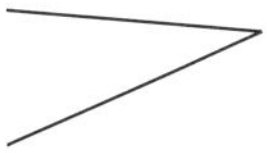

▶ **lines intersect**（線が交差する）

These lines **cross** each other / one another.
（この2本の線は、交差している。）

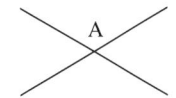

These lines **intersect** at point A.
（この2本の線は、A点で交差している。）

These lines **intersect** at right angles.
（この2本の線は、90度で交わっている。）

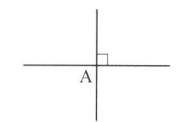

●● 8 ●●　穴の種類と形

▶ hole
様々な形の「穴」を表わす一般用語、「隙間・裂け目・窪み・開口部」も含みます。

There is a large **hole** in the roof.
（屋根に大きな穴が開いている。）

Holes have been drilled in each corner of the board so that it can be fixed to the wall.
（板の4隅には穴が開いており、壁に取り付けられるようになっている。）

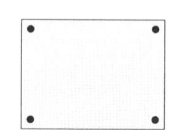

The dog escaped through a **hole** in the fence.
（犬はフェンスの穴を通って逃げていった。）

The fly went through a **hole** in the spider's web.
（ハエはクモの巣の破れ目から飛んでいった。）

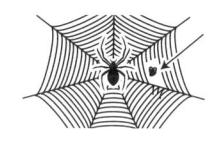

▶ opening
何かを入れたり、通したりするための「開口部」（空気窓・明かり取りなど）

A discharge **opening**
（噴出し口）

▶ **inlet / outlet**
液体や気体の出入り口、「注水口」や「排気口」などを表わします。

Water enters the tank through the **inlet** and passes out through the **outlet**.
（水は注水口からタンクに入り、排水口から出る。）

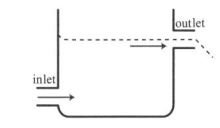

▶ **depression**
立体的な物体の「凹み」や「窪み」を表わします。

After rain, the water collects in **depressions** in the ground to form puddles.
（雨が降ると、地面の窪みに水が溜まり、水たまりになる。）

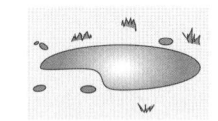

▶ **dent**
〈depression〉のなかでも、板金・車のボディなどに外力が加わってできた凹みを表わします。

Dents must be hammered out of sheet metal with wooden hammers only.
（板金の凹みをたたいて直すときは、木槌以外のものを使ってはならない。）

▶ **slot**
ものを投入・挿入するための細長い窪み、「投入口・挿入口・スロット」

a coin **slot**
（〔自動販売機などの〕硬貨投入口）

▶ **slit**
細長い「切り込み・スリット」

The flap is folded into the **slit** to close the envelope.
（フタの部分を切り込みに差し込んで封筒の口を閉じます。）

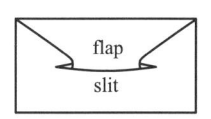

▶ **notch**（V字型の切り込み）
物の表面や端に入った「V字型の切り込み・刻み目」

A V-shaped **notch** is cut into the edge at the center of the topside of the plate.
（板の上縁中央に、V字型の切り込みが入っている。）

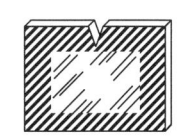

1 外観・性質

▶ **perforations**（切手シートの「目打ち・ミシン目」のような打ち抜き穴）

Perforated board is often used for display panels in shops and exhibitions.
（穴開き板は、店舗や展示会のディスプレイパネルによく使われる。）

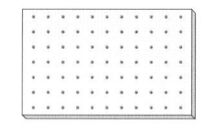

Tear off the form along the **perforations**.
（ミシン目に沿って、切り取ってください。）

▶ **pores**

「毛穴・気孔」など、液体やガスが通過する・吸収されるための微小な穴を表わします。植物の表皮・動物の細胞膜・フィルター・岩石・木材などを表現する場合によく使われます。

Natural leather has many small **pores** where the hairs of the animal used to be.
（天然皮革には、動物の毛が生えていた小さな毛穴が無数にある。）

Some types of stone such as chalk have many **pores** in which water can be absorbed and stored.
（岩石のなかには白亜のように、水分を吸収・貯蔵するための穴が無数にあるものもある。）

▶ **cavity**

主に化学技術用語としての「穴・空洞」を表わします。

Gruyere cheese has many **cavities** formed by gases.
（グリュイエールチーズには、ガスによってできた無数の穴〔空洞〕がある。）

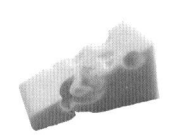

第 2 章

数

1. **整数**……48
   1. 表記ルール（アルファベットか数字か）……48
   2. 大きな数の表記……50
      ① 基準単位……50
      ② 基準単位の選び方……51
   3. TPOに合わせた表記法……54

2. **分数**……55

3. **小数**……57

4. **序数**……58

5. **概数（およその数）**……60

●●● 1 ●●● 整数

◼ 表記ルール（アルファベットか数字か）

英文における整数の表記には、次のような3つの方法があります。

①**数字だけで表わす**　例：1,500,000
②**アルファベットだけで表わす**　例：one million five hundred thousand
③**数字と基準単位で表わす**　例：1.5 million

どのような基準で上記の方法を使い分ければいいのか、日本人にはなかなか難しい問題です。英米でも媒体の種類によって複数の考え方が存在しますが、ここではごく一般的なルールを紹介しましょう。

基本ルール……文字表記すると3語以上になる場合は数字で表わす
　　　　○　142
　　　　△　one hundred (and) forty-two（5語）

例外ルール……読みやすさや体裁を考慮した慣例
❶**文頭ではアルファベットで表記する**
整数が文頭に来る場合は、文字で表記するのが通例です。また、年齢のように、数字で書くのが通例とされる値についても、文頭では文字表記しなければいけません。

　　×　**72,000** men and **67,000** women voted in the local elections.
　　○　**Seventy-two thousand** men and **67,000** women voted in the local elections.

文頭の整数が、文字表記するには長すぎる場合には、次のいずれかの方法で文の順序を入れ替え、問題の整数を後ろに移動するとよいでしょう。
例：**One hundred and twenty** children, **5** men, and **25** women took part in the tour.

案①……**複数の整数のうち、値の小さいものを頭にもってくる**
　　Five men, **25** women and **120** children took part in the tour.

案②……大きな整数が文頭に来ないよう、文構造を変える

Taking part in the tour were **5** men, **25** women and **120** children.

Of the members of the tour, **5** were men, **25** were women and **120** were children.

案③……〈It〉を主語にする、あるいは〈There is/are〉構文を用いる

There were **120** children, **5** men, and **25** women taking part in the tour.

It was confirmed that **120** children, **5** men, and **25** women were taking part in the tour.

案④……〈**The number/volume of ...**〉などを主語にする

The number of people taking part in the tour was **120** children, **5** men, and **25** women.

❷ 同種のものを表わす数は、表記を統一する
▶同じ基準単位を用いてアルファベットに統一する

The population in 1950 was **five million** and is expected to reach **six million** by the year 2010.

▶同じ基準単位を用い「数字＋基準単位」に統一する

The population in 1950 was **5 million**, but rose to **5.4 million** by 1990, and is expected to reach **6 million** by the year 2010.

▶数字に統一する

The numbers in the focus groups in this market survey ranged from **10** to **15** but in the next survey they will be limited to **7**.

❸ 異なる内容を表わす数値が続く場合は、両者の表記を変える

「200個の19Vバッテリ」のように、数量を表わす数値と規格を表わす数値が続く場合は表記を変えて混乱を防ぎます。

（わかりにくい表記）	（適切な表記）
36 2-year-olds	→ thirty-six 2-year-olds（36人の2歳児）
200 19-V batteries	→ two hundred 19-V batteries（200個の19Vバッテリ）
2 6-digit codes	→ two 6-digit codes（2つの6桁コード）
314 100-MW power plants	→ 314 one-hundred-megawatt power plants（314カ所の100メガワット級発電所）

❹ 0と1はアルファベット表記が基本
（他の整数に合わせて、数字で書かざるを得ない場合を除く）

This company has adopted a policy of **zero** waste.

Newspapers often use **one**-sentence paragraphs for readability.

ただし0や1が、数字で表記すべき整数と同一の文脈で用いられている場合は、数字表記に統一します。

Only **1** of the **250** products was defective.

The number of defects in the five sets of samples was, **0**, 17, 24, and 42, respectively.

The number of entries submitted per company in the design competition ranged from **1** to **15**.

注：0は複数形扱いです。　　zero degrees / zero errors

☞ここがポイント!!　　整数の複数形

整数を複数形にするときは、一般名詞と同様に、語尾に〈s〉を付けます。

複数形の整数は、通常、連続数の集合体を表わします。典型的な例としては、年齢層（例：30s＝30～39歳）や、年代（例：1990s＝1990年代）があります。

The card numbers include three **fives** and two **tens**.
（カード番号には5が3つ、10が2つ含まれている。）

The athletes marched around the track in **fours**.
（選手たちは4人1組〔4人1列〕でトラックの周りを行進した。）

The staff include 253 men in their **sixties / 60s**.
（スタッフの中には60歳代が253人いる。）

② 大きな数の表記

❶ 基準単位

日本語と英語では基準となる単位が異なります。

　日本語：4桁ごとに区切り、万・億・兆を基準に表わす
　英　語：3桁ごとに区切り、thousand（千）、million（百万）、billion（十億）を基準に表わす

そのため、日本語を基準にして逐語訳すると、次のように不自然な英語になる場合があります。

	（不適切な表現）		（標準的英語）
5万	5 ten thousand	→	fifty thousand
3.5億	3.5 hundred million	→	350 million
5億	5 hundred million	→	500 million / half a billion

下表に日本の基準単位との対応をまとめましたので、頭に入れておきましょう。

《整数の基準単位対応表》（注：太字は各語における基準単位を表わします）

数字	漢字	アルファベット
10	十	**ten**
100	百	**hundred**
1,000	千	**thousand**
10,000	万	(ten thousand)
100,000	十万	(hundred thousand)
1,000,000	百万	**million**
10,000,000	千万	(ten million)
100,000,000	億	(hundred million)
1,000,000,000	十億	**billion**
10,000,000,000	百億	(ten billion)
100,000,000,000	千億	(hundred billion)
1,000,000,000,000	兆	**trillion**
1,000,000,000,000,000	千兆	**quadrillion**
1,000,000,000,000,000,000	百京	**quintillion**

❷基準単位の選び方

▶1〜999までの整数

「数字＋基準単位」の表記はあまり使われません。数字かアルファベットに表記を統一するのが一般的です。

　　○　75
　　○　seventy-five
　　×　0.75 hundred

　　○　750
　　○　seven hundred (and) fifty
　　×　0.75 thousand

👉 ここがポイント!!

イギリス英語では、100と10の位の間に〈and〉が入りますが、アメリカ英語では、〈and〉を省略するのが一般的です。

▶1,000〜999,999までの整数

4桁の整数の場合、〈数字＋thousand〉の表記はあまり使われません。数字かアルファベットに表記を統一するのが一般的です。5〜6桁の場合も、〈数字＋thousand〉にすると有効数字が3つ以上になるときは、数字のみの表記が無難です。

- ○ 3,000
- ○ three thousand
- × 3 thousand

- ○ 20,000
- ○ twenty thousand
- × 20 thousand

- ○ 227,000
- × 227 thousand

（有効数字が3つ以上なので、数字のみの表記が一般的）

👉 ここがポイント!!　1,000、1,200、1,300 ... 1,900の表記法

〈thousand〉より〈hundred〉を基準単位として用いた表記が一般的です。ただし2,000以上の場合（2,100、2,200 ... など）には、〈hundred〉をあまり用いません。

The text was over **seventeen hundred** words in length.
（one thousand seven hundred よりも一般的）

The reception was attended by about **fifteen hundred** people.
（one thousand five hundred よりも一般的）

▶1,000,000以上の整数

7桁以上の数を表わす場合は、可能な限り大きな基準単位を用いるのが一般的です。ただし、数字部分が小数点第3位以下になる場合は基準単位を1段階下げるか、基準単位を使わずに数字のみで表記するほうが無難です。

- ○ 1,650,000
- × 1,650 thousand

- ◯ 1.65 million

(「0以外の桁数」が少ないので数字のみの表記でもOK。基準単位を使う場合は、〈thousand〉より〈million〉を使うほうが有効数字が少なく、わかりやすい。)

- ◯ 1,656,000
- △ 1.656 million

(数字部分が小数点第4位になるので、数字のみで表記するほうがよい。なお、概数表記が許される場合は〈1.66 million〉とするとわかりやすい。)

- △ 13,309,900,000,000
- × 13.3099 trillion
- ◯ 13,309.9 billion

(桁数が多いので、数字表記では少々わかりにくい。〈trillion〉を基準単位にすると数字部分が小数点第4位になるため、1段階下の〈billion〉を使う。概数表記が許される場合は〈13.31 trillion〉とするとわかりやすい。)

▶基準単位の半分にあたる整数

基準単位の半分にあたる整数は、次のように表わします。

a half ＋ (a) 基準単位

500,000	→	a half (a) million
500,000,000	→	a half (a) billion
500,000,000,000	→	a half (a) trillion

ただし、〈hundred〉および〈thousand〉には上記文型は適用できません。

| 50 | → | ~~a half a hundred~~ |
| 500 | → | ~~a half a thousand~~ |

ここがポイント!! 基準単位に〈s〉は付けない

「数字＋基準単位」として表わす場合、整数に用いる基準単位は常に単数形です。どんなに大きな数であっても、その整数自体は「1つ」だからです。たとえば、「500万」という整数は、あくまでも1つのまとまりであって、「100万という数を、5個（複数）集めたもの」ではないからです。

- ◯ 5 million
- × 5 millions

注:〈millions of（数百万の）〉などの慣用表現では複数形を用います。

3 TPOにあわせた表記法

表記法は、文書の目的や用途によっても異なります。たとえば、一般的文章では、数字と文字を使い分けて整数を表記するのが普通ですが、技術文書や学術論文では、一貫して数字表記することが多くなっています。

ここでは、TPOにあわせた表記法のなかでも代表的なものを紹介します。

❶法的文書における表記
法令や契約書では、アルファベット表記とカッコ付けした数字表記を併記する方法が用いられます。これは複数解釈を防止するためです。

This agreement shall be terminated **three (3)** months from the date that either party gives notification to the other of such termination.

The Executive Board shall consist of **seven (7)** members elected from among the **one hundred and forty-two (142)** country delegates.

❷小切手や金融関連の書類
改ざんを防止するために、金額をアルファベット表記するよう指定されている場合があります。日本語でいう「壱、弐、参、……」に相当する表記です。

❸図表・グラフにおける表記
▶**基準単位を統一する**
　次の2点を目安に「資料内のすべての数値を、わかりやすく表記できる」基準単位を選ぶのがポイントです。
　①有効数字をできるだけ少なくする
　②数字部分を、整数〜小数第2位の3桁前後に納める

例として、140,000と1,560,000という2つの数値を含むグラフを考えてみましょう。〈million〉を基準単位とする表記のほうが有効数字が少なく、よりわかりやすいことがおわかりいただけるでしょう。

		140,000	1,560,000
基準単位：thousand		140 thousand	1,560 thousand
基準単位：million		0.14 million	1.56 million

▶ **基準単位を提示する**
「単位：××」という表現
（単位：千円）　　　Unit: Thousand yen
　　　　　　　　　　Unit: 1,000
（単位：百万）　　　Unit: Million
　　　　　　　　　　Unit: 1 million

「項目（単位：××）」という表現
人口（単位：千人）　　　　　　　　Population (thousands)
売上（単位：百万円）　　　　　　　Sales (million yen)
エネルギー生産（10億キロジュール）　Energy Production (billion kilojoules)
＊この場合、基準単位は複数形を用います。

●● 2 ●●　分数

分数は、次の2つの方法で表わすことができます。

① **数字とスラッシュで表わす**
　例：2/3
② **アルファベットで表わす**
　例：two　thirds
　　　(分子)(分母)→分母は序数とし、分子が複数の場合は〈s〉を付ける

《代表的な表記例》

日本語	数字	アルファベット	日本語	数字	アルファベット
2分の1	1/2	one-half / a half			
3分の1	1/3	one/a third	3分の2	2/3	two-thirds
4分の1	1/4	one-quarter / a quarter one-fourth / a fourth	4分の3	3/4	three-quarters
5分の1	1/5	one-fifth / a fifth	5分の4	4/5	four-fifths
8分の1	1/8	one-eighth / an eighth	8分の5	5/8	five-eighths
14分の1	1/14	one-fourteenth / a fourteenth	14分の13	13/14	thirteen-fourteenths
20分の1	1/20	one-twentieth / a twentieth			
25分の1	1/25	one twenty-fifth	25分の2	2/25	two twenty-fifths

表記のポイント

▶ 数字の桁が大きい場合
数字でなくアルファベットで表わします。
　例：100万の1/4　　a quarter of a million（a quarter million）
　　　10億の1/2　　a half a billion（a half billion）

▶「整数 + 分数」
数字で表記します。
　例：an **8 1/2** -by-12 inch steel plate（8 1/2 × 12インチの金属板）

▶ 契約書の文中で分数を表記する場合
アルファベットで表わします。

　　If either A Corporation or B Inc. delays payment, the delaying party shall pay charges for late payment at the per diem interest rate of **one hundredth** of one percent to the other party.
　　（A社もしくはB社による支払が遅延した場合、延納側は相手方に対して、1日あたり1％の100分の1（＝0.01％）に相当する遅延利息を支払うものとする。）

3　小数

小数は、常に数字で表記します。

The highest temperature officially recorded in Tokyo in the 1990s was 39.1℃ on 3 August 1994.
（1990年代における東京の最高気温は、公式記録によると、1994年8月3日の39.1度である。）

表記のポイント

▶**文頭で小数を用いない**
なるべく文頭に小数が来ないよう、語順の入れ替えなどの工夫をしてください。

▶**1未満の小数**
技術文書では、1未満の小数（0.5など）についても、1の位の「0」は省略しません。また、1未満の小数と整数が同じ文に出てくる場合は、整数にもピリオドをつけて「3.0」というように表記レベルを合わせます。

Surface temperatures in the North Pacific rose **0.1** degrees over a period of ten years.
（北太平洋の海面温度は、10年間で0.1度上昇した。）

These models of vacuum flask have capacities ranging from **0.5** to **3.0** liters, in **0.5**-liter intervals.
（6種類の魔法瓶は、0.5リットル刻みで容量が大きくなるが、最小のものが0.5リットル、最大が3.0リットルである。）

ここがポイント!!
1以上か1未満かにかかわらず、小数は複数扱いになります。
例：0.7 meters / 3.5 liters

▶**地震の強さを表わす「マグニチュード」**
たとえ整数であっても、常に小数第1位まで表記します。

The Northridge earthquake generated 9,222 aftershocks, of which 7 were greater than a magnitude of **5.0**, while 49 measured between **4.0** and **4.9**, and 387 were between **3.0** and **3.9**.
（ノースリッジ地震の余震は9,222回にも及び、そのうち7回はマグニチュー

ド5.0超、49回がマグニチュード4.0〜4.9、387回がマグニチュード3.0〜3.9であった。）

▶**小数以下が第4位以上に及ぶ場合**
3桁ごとにカンマを入れる必要はありません。
例：× 2.3,456
　　○ 2.3456（カンマは不要）

4　序数

序数は、次の2つの方法で表わすことができます。

①**アルファベットで表わす**　例：third
②**数字＋接尾辞で表わす**　例：3rd

どちらの表記法でも問題はありませんが、接尾辞を取り違えないよう、くれぐれも注意しましょう。（例：〈3rd〉を〈3th〉と書き間違えるなど）
また、数字＋接尾辞の後に、省略を表わすピリオド（．）を打つ必要はありません。〈3rd〉は〈third〉の字数を短縮しただけであって、文字を省略したわけではないからです。

《代表的な表記例》

日本語	アルファベット	数字＋接尾辞	日本語	アルファベット	数字＋接尾辞
1番目	first	1st	26番目	twenty-sixth	26th
2番目	second	2nd	27番目	twenty-seventh	27th
3番目	third	3rd	28番目	twenty-eighth	28th
4番目	fourth	4th	29番目	twenty-ninth	29th
5番目	fifth	5th	30番目	thirtieth	30th
6番目	sixth	6th	31番目	thirty-first	31st
7番目	seventh	7th	40番目	fortieth	40th
8番目	eighth	8th	41番目	forty-first	41st
9番目	ninth	9th	50番目	fiftieth	50th
10番目	tenth	10th	51番目	fifty-first	51st
11番目	eleventh	11th	60番目	sixtieth	60th
12番目	twelfth	12th	61番目	sixty-first	61st
13番目	thirteenth	13th	70番目	seventieth	70th
14番目	fourteenth	14th	71番目	seventy-first	71st
15番目	fifteenth	15th	80番目	eightieth	80th
16番目	sixteenth	16th	81番目	eighty-first	81st
17番目	seventeenth	17th	90番目	ninetieth	90th
18番目	eighteenth	18th	91番目	ninety-first	91st
19番目	nineteenth	19th	100番目	hundredth	100th
20番目	twentieth	20th	101番目	hundred and first	101st
21番目	twenty-first	21st	200番目	two hundredth	200th
22番目	twenty-second	22nd	千番目	thousandth	1000th
23番目	twenty-third	23rd	百万番目	millionth	
24番目	twenty-fourth	24th	十億番目	billionth	
25番目	twenty-fifth	25th			

序数表現のポイント

▶名詞を修飾する序数の前には、限定詞を付ける

「～番目の」という表現は、対象となるものを限定することになります。
そのため、名詞を修飾する場合は、序数の前に限定詞（定冠詞the、指示語、所有代名詞など）を必ずつけます。

 The office is on **the sixteenth** floor of ABC Building.
 （事務所は、ABCビルの16階にある。）

She went to see a ballet on **her sixteenth** birthday.
（彼女は、16歳の誕生日にバレエを観に行った。）

注：「不定冠詞＋序数」で〈another〉や〈future〉のニュアンスを表わすこともあります。

After writing four novels in four years, it will take ten more years for him to write **a fifth** (novel).
（彼は4年間で小説を4作書いたが、続く5作目の執筆にはあと10年かかるだろう。）

ここがポイント!! 前置詞の使い分け

一連の流れや手順における「順序」を表わす場合、序数の後にくる前置詞は、〈in〉または〈of〉になります。一方、集団の中での「順位」を表わす場合は〈of〉のみが使えます。

This program is the fourth **in** a series of five programes on European architecture.
（この番組は、全5回放映のヨーロッパ建築シリーズの第4回分だ。）
This is the tenth **of** fifteen surveys undertaken by various organizations since 1990.
（1990年以降、各種組織が行なった調査は全部で15回になるが、この調査はその10番目にあたる。）

・・5・・ 概数（およその数）

❶数量の大まかなニュアンスを表わす（数量詞）

およその数量を表わす形容詞を、数量詞（quantifiers）といいます。それぞれの数量詞には具体的ではないものの、大まかな数量のニュアンスがあります。数量詞は、修飾対象が可算名詞／不可算名詞のいずれかであるかによって次のように使い分けます。

可算（countable）	不可算（uncountable）
no（ない）	no（ない）
a couple of（2つの）	
few（ほとんどない）	little（ほとんどない）
a few（いくつかの）←2〜4前後のニュアンス	a little（いくつかの）
several（いくつかの）←4〜7前後のニュアンス	
dozens of（数十の〔数ダースの〕）	
hundreds of（数百の）	
thousands of（数千の）	
tens of thousands of（数万の）	

▶ **quite a few**（相当数の）

Quite a few companies from all over the country have inquired about the book.
（全国の企業から、その本についてかなりの問い合わせがきている。）

▶ **a great deal of**（相当量の）

The Beatles earned a great deal of money in their early twenties.
（ビートルズは20代前半に相当稼いだ。）

▶ **a lot of / many**（たくさんの〔数の〕）

A lot of people came to the wedding.
Many people came to the wedding.
（たくさんの人々がその結婚式に出席した。）

▶ **a lot of / much**（たくさんの〔量の〕）

There is **a lot of** traffic on the roads today.
（今日は道が混んでいる。）

There is not **much** traffic on the roads today.
（今日は道が混んでいない。）

ここがポイント!!

ネイティブが〈much〉＋不可算名詞（traffic / snow）を使うのは、否定文の場合がほとんどです。肯定文では〈a lot of〉や〈a great deal of〉を使います。

▶〈amount of / number of〉を使った表現のバリエーション

a / an ＋ {
enormous（莫大な）
great（多くの）
large（多くの）
considerable（かなりの）
fair（相当な）
moderate（ほどほどの）
small（わずかな）
very small（非常にわずかな）
extremely small（ごくわずかな）
} {
amount of（量の）

number of（数の）
}

例：

A small number of bolts are used to fix the pump to the platform.
（ポンプはわずかな数のボルトで土台に固定される。）

A small amount of acid was spilled during transportation.
（少量の酸が輸送中にこぼれた。）

A great number of people attended the music festival.
（その音楽祭には大勢の人が参加した。）

This machine can process **a large amount of** data accurately.
（このマシンは大量のデータを正確に処理することができる。）

❷概算値を表わす

▶approximately（概算で）

端数を四捨五入した場合や、それほど厳密に述べる必要がない場合に用います。科学技術文書では「概算値」を扱う機会が多いため、しばしば〈approximately〉が使われます。

In August 2003, Mars was **approximately** 55.76 million kilometers from Earth, which is the closest it has been for over 60,000 years.
（2003年8月、地球と火星の距離は、ここ6万年間の最短記録となる約5,576万キロメートルにまで接近した。）←正確な距離は55,758,006km

The monthly production of goods pallets was **approximately** 37,500.
（運送用パレットの月間生産台数は、約37,500台だった。）

▶about（約・前後）

大まかな数値を挙げる際に、最もよく使われる表現です。

Most new music CDs cost **about** $20.
（音楽用CDは、たいていが新品で20ドル前後だ。）

▶ **around**（前後・概ね）
それ以上の正確な数値が不要、もしくは算出不可能である場合などに使われます。

The age of the earth is estimated to be **around 4.5 billion** years.
（地球の年齢は45億歳前後と考えられている。）

▶ **roughly / in the vicinity of / more or less / odd / or so**
正確な値が入手不可能または不要な場合に、ごく大まかな数量を挙げるための口語的表現です。

It costs **roughly $2,200** dollars a year in food, veterinary, license and other expenses to keep a pet dog in New York.
（ニューヨークで犬を1匹飼うための年間費用は、餌代、獣医の診察費、ペット登録料、その他諸経費を合わせて、ざっと2,200ドルに及ぶ。）

The initial estimate of the Transport Committee was that refurbishment of the railcars would cost in **the vicinity of $8.7 million**.
（運輸委員会の当初試算では、鉄道車両の改装費用は、870万ドル程度と見積もられていた。）

After several months of investigation, the number of items stolen from the National Museum of Iraq in Baghdad was estimated to be **more or less 10,000**.
（数カ月にわたる調査の結果、バグダッドにあるイラク国立博物館から盗まれた品は1万点程度であろうという最終概算が出された。）

The area of forest under management was **100 odd** hectares.
（森林管理区域の面積は、100ヘクタール余りだった。）

❸「対象数値まであと少し」の状態を表わす
「およその値」が、正味値に及ばない場合には、以下の表現を用います。
（マイナスの数値・変動を表わす文脈では「およその値」が正味値より大きいことになりますので、注意しましょう。）

▶ **virtually**（実質上）
「およその値」と正味の数量がほとんど同じで、実質的な差はないに等しい場合に用います。

The amount of RAM available is **virtually** 256 megabytes.

(メモリの空き容量は、ほぼ256メガバイトだ。)

▶ almost / nearly（ほとんど・〜近く）

「およその値」と正味の数量が、非常に近いことを表わします。

The interest rate dropped to **almost** 10%.
(利息は10％近くにまで落ち込んだ。)

▶ close to（〜すれすれ・〜近く）

基準値など一定の値に接近していることを表わします。

The height of the building is **close to** the 40 meters allowed under the building code.
(その建物の高さは、建築規準の40メートルすれすれだ。)

〈close to〉の前に、〈fairly〉〈quite〉〈very〉〈extremely〉などの副詞を付ければ、対象値との近さを強調することもできます。

The length came very **close** to the 15-meter limit for this class of yacht.
(そのヨットの全長は、同クラスの上限である15メートルに、ほとんど達していた。)

第 3 章
単 位

1. 国際単位系とメートル法……66

2. ヤード・ポンド法……68

3. 表記のポイント……69
   1 数値の表記（アルファベットか数字か）……69
   2 単位の表記（文字か記号か）……70
   3 単位記号・短縮形に関する注意点……72
   4 単位の単数形・複数形……73
   5 名詞を修飾する場合の注意点……74

4. 単位を用いた表現例……75
   1 具体的な単位数量を表わす……75
   2 およその単位数量を表わす……76

※計量単位には大きく分けて、次の2つがあります。
　① 国際単位系（SI）とメートル法
　　国際単位系＝メートル法を国際標準化した基準単位
　② ヤード・ポンド法

現在主流となっているのは国際単位系（メートル法）ですが、ヤード・ポンド法が使われている文書も珍しくはありません。ここでは、それぞれの計量単位とその用法について説明します。

1　国際単位系とメートル法

国際単位系（SI：Le Systeme International d'Unites）は、技術・学術分野をはじめ、全世界に普及している基準単位です。よく使われるものを下記にまとめましたので、参考にしてください。

量	単位	単位記号／短縮形
長さ（length）	kilometer（キロメートル）	km
	meter（メートル）	m
	centimeter（センチメートル）	cm
	millimeter（ミリメートル）	mm
面積（area）	square kilometer（平方キロメートル）	km^2
	square meter（平方メートル）	m^2
	square centimeter（平方センチメートル）	cm^2
体積（volume）	cubic kilometer（立方キロメートル）	km^3
	cubic meter（立方メートル）	m^3
	cubic centimeter（立方センチメートル）	cm^3
容積（capacity）	liter（リットル）	L
	deciliter（デシリットル）	dL
	milliliter（ミリリットル）	mL
質量・重量 （mass and weight）	metric ton（トン）＊	MT／t
	kilogram（キログラム）	kg
	gram（グラム）	g
	milligram（ミリグラム）	mg

＊metric ton（メートル法のトン）とするのは、ヤード・ポンド法の〈ton〉と区別するためです。〈tonne〉も〈metric ton〉の意味を表わします。

　　　short ton：米トン（2,000ポンド＝907.18kg相当）

　　　long ton：英トン（2,240ポンド＝1016.05kg相当）

量	単位	単位記号／短縮形
電流（electric current）	ampere（アンペア）	A
電力（electric power）	watt（ワット）	W
電圧（voltage）	volt（ボルト）	V（W/A）
電気抵抗（electric resistance）	ohm（オーム）	Ω
温度（temperature）	摂氏（degrees Celsius）	℃
	華氏（degrees Fahrenheit）	℉
時間（time）	second（秒）	sec / s
	minute（分）	min
	hour（時）	hr / h
速度（speed）	kilometers per hour（時速）	kph / m/h

☞ここがポイント!! 補助倍数

以下に挙げる接頭語は、SI（補助）倍数と呼ばれます。単位の前に、SI倍数を接続することにより、その単位量の10（または2）の乗倍を表わします。

乗数	単位	例
10^{-1}	deci	deciliter（デシリットル＝10分の1リットル）
10^{-2}	centi	centimeter（センチメートル＝百分の1メートル）
10^{-3}	milli	milligram（ミリグラム＝千分の1グラム）
10^{-6}	micro	microampere（マイクロアンペア＝百万分の1アンペア）
10^{-9}	nano	nanosecond（ナノセカンド＝10億分の1秒）
10^{-12}	pico	picogram（ピコグラム＝1兆分の1グラム）
10^{2}	hecto	hectopascal（ヘクトパスカル＝100パスカル）
10^{3}	kilo	kilometer（キロメートル＝1,000メートル）

コンピュータ関連の単位では2進法の乗倍を表わすことがほとんどです。

10^{6} （2^{20}）	mega	megabyte（メガバイト＝1,024キロバイト）
10^{9} （2^{30}）	giga	gigabyte（ギガバイト＝1,024メガバイト）
10^{12} （2^{40}）	tera	terabyte（テラバイト＝1ギガバイトの1024倍）

国際単位系の単位の前には、0.1から1,000までの数値しか用いることができません。SI倍数を用いて、元の単位の「1,000倍」や「10分の1」を表わす単位を作れ

ば、1000より上や0.1未満の数値を扱う必要はないからです。

（悪い例）		（良い例）
10,500 meters	→	10.5 kilometers / 10.5 km
5,000,000 watts	→	5 megawatts / 5 MW
0.005 cubic centimeters	→	5 mm^3

2　ヤード・ポンド法

国際単位系（メートル法）が世界中に普及しているにもかかわらず、アメリカやイギリスなどの英語圏では、ヤード・ポンド法（the Imperial System）も根強く残っています。

ヤード・ポンド法による数量表記を和訳するときは、以下の換算表に基づいて、メートル法に換算する必要があります。逆に、国際単位系による数量表記を英訳する場合、原文が技術・学術文書であるときは、ヤード・ポンド法に改める必要はありません。
一般的文章の場合は、必要に応じて、5,382 square feet（500 m^2）という風に、カッコを用いてヤード・ポンド法と換算後の数量表記を併記することもあります。

量	単位	換算値	単位記号／短縮形
長さ（length）	mile（マイル）	約1,609 m	mi
	yard（ヤード）	約91.44 cm	yd
	foot（フィート）	約30.48 cm	ft / '
	inch（インチ）	約2.54 cm	in / "

＊ 1マイル＝1,760ヤード＝5,280フィート
　1ヤード＝3フィート＝36インチ

　上記に〈square〉を付けて「平方〜」、〈cubic〉を付けて「立方〜」と表わすこともできます。

量	単位	換算値	単位記号／短縮形
重量（weight）	pound（ポンド）	約453.6 g	lb
	ounce（オンス）	約28.3495 g	oz

＊1ポンド＝16オンス

量	単位	換算値	単位記号／短縮形
容量（capacity）	gallon（ガロン）	約3.785リットル（米）	gal
		約4.546リットル（英）	
	quart（クウォート）	約0.946リットル（米）	qt
		約1.136リットル（英）	
	pint（パイント）	約0.473リットル（米）	pt
		約0.568リットル（英）	

＊1ガロン＝4クウォート＝2パイント

3　表記のポイント

１　数値の表記（アルファベットか数字か）

❶技術・学術文書
計量単位で表わされた数値を数字表記するのが一般的です。

Four samples were sterilized for **30** seconds at **45**℃.

The sterilizing unit is **55** centimeters high and its electrical supply must be **210** volts.

❷一般的文章
前章で説明した数値の表記法に基づいて、アルファベットと数字を適宜使い分けます。アルファベット表記にするのは、小さい数量や概数で、かつその単位が一般読者になじみ深いものである場合です。

twenty-seven degrees Celsius ／ **five hundred** meters ／ **about seventy** kilograms

小さな数値でも、読みやすさや慣例に配慮して数字表記することもあります。特に、「2リットル瓶」のように修飾語として用いられている場合や、文字にすると2語以上（例：two-hundred-thirty）になる場合がこれにあたります。

（悪い例）		（良い例）
a **sixty**-watt bulb	→	a **60**-watt bulb
fifty-five kilometers per liter	→	**55** kilometers per liter

❸単位を記号や短縮形で表わす場合

文章の種類を問わず、数値も単位にあわせて必ず数字表記します。

（悪い例）		（良い例）
fifty-five km/h	→	**55** km/h
ten kg	→	**10** kg

2 単位の表記（文字か記号か）

❶技術・学術文書
計量数値を次のようなかたちで表わします。

　　数値（数字）＋（半角スペース）＋（単位記号）

　　（例：20 kg）

❷一般的文章
次の場合に限り、単位を記号や短縮形で表わします。

▶**単位の短縮形が、一般に普及している場合**
　例：キロメートル→ km

▶**文字表記すると長くなる単位名**
　例：cubic meters per hour → m^3/h

▶**字数が限られている場合**
　例：図表・新聞・雑誌

❸文字表記してもよい場合
次のような場合は、文書の種類に関係なく、文字表記することがあります。

▶**単位名の字数が少なく、省略するまでもない場合**

▶類似する記号・短縮形が多く、紛らわしい場合
　例：m、s、ℓ、g

　　25 s　　→　　25 seconds
　　270 m　→　　270 meters
　　4.5 ℓ　　→　　4.5 liters
　　25 g　　→　　25 grams

❹その他の注意点

▶「リットル」を短縮形にする場合、大文字の「L」で表わすのが一般的です。小文字の「l」（エル）は、数字の「1」（いち）と混同されがちです。「ℓ」という特殊な記号もありますが、標準の文字コードには入っていません。

　　15 l　　→　　15 L

▶科学者などの人名に由来する単位名称（例：パスカル、ヘルツ）は、頭を大文字にすることはありません。

　　（悪い例）　　　　　　　（良い例）
　　880 hecto**Pascals**　　→　　880 hecto**pascals**
　　88 tera**Hertz**　　　→　　88 tera**hertz**

▶「メートル」「リットル」「キログラム」のアルファベット表記には、英語式（meters、liters、kilograms）とフランス語式（metres、litres、kilogrammes）の2通りがあります。双方とも国際単位系による正式な表記ですが、両者を混ぜて使わず、どちらかに統一しましょう。

▶一般的文章のなかで、あまり馴染みのない単位を扱う場合には、文字で表記した上でカッコ内に記号・短縮形を付記することがあります。

　　65 **meters per second (m/s)**
　　880 **hectopascals (hPa)**
　　80 **nanoseconds (ns)**

3 単位記号・短縮形に関する注意点

❶国際単位系では記号・短縮形にピリオドをつけない
(悪い例)　　　　(良い例)
km.　　→　　km

❷ヤード・ポンド法では短縮形の後にピリオドをつけることがある
inch ＝ in.
cubic foot ＝ cu. ft.

❸人名に由来する単位記号
人名に由来する単位の記号は、語頭を大文字で表わします。
Kelvin（ケルビン）＝ K
Celsius（セルシウス）＝ C
Joule（ジュール）＝ J

❹per（毎）の後ろには、数字の「1」を付けない
(悪い例)　　　　　　　　　(良い例)
5 kilometers per **1** hour　→　5 kilometers per hour
5 km/**1** h　　　　　　　　→　5 km/h

❺同一の単位による数値を列記する場合
単位記号は最後の数値にのみ付けるのが一般的です。ただし誤解を避ける意味で、すべての数値に単位記号を付けることもあります。
between 4 **cm** and 5 **cm**　または　between 4 and 5 **cm**
from 600 **mm** to 800 **mm**　または　from 600 to 800 **mm**

また、「5kgから6kgまで」のように範囲を示す場合は、ハイフンを用いて「5 - 6 kg」と表記することもできます。くれぐれも「〜」は使わないこと。
from 4 cm to 5 cm　→　4-5 cm
from 600 mm to 800 mm　→　600-800 mm

〈3 m ＋ 5 m〉のように数式で示す場合も、最後の数値だけに単位記号をつけます。

ただし、誤解を避ける意味で、全ての数値に単位記号を付ける場合もあります。
〈26 mm × 55 mm〉または〈26 × 55 mm〉

4 単位の単数形・複数形

❶単位を文字表記する場合
数値が「1」のとき以外は複数形の単位で受けます。
ちなみに小数および「0」も複数形で受けます。

1	1 liter / one liter
	1 meter / one meter
	1 decibel / one decibel
1より大きい数量	7 liters / seven liters
	72 decibels / seventy-two decibels
	3.9 meters
1とそれ以上の数量	1-15 meters / one or more meters
1未満の小数値	0.7 liters
	0.39 millimeters
0	zero degrees

❷単位を記号で表わす場合
単位を記号で表わす場合は、複数形の〈s〉は不要です。

　　（悪い例）　　　　　（良い例）
　　230 kms　　→　　230 km

❸規格・寸法・設定を表わす場合
▶ **数値を1つの概念として表わす場合**
　重量・高さ・速度などの数値をひとまとまりの概念として表わす場合、単位が複数形であっても〈weight〉〈speed〉などの名詞は単数形になります。

　　「重量」を1概念として表わす　　**a** weight of 60 kilograms
　　　　　　　　　　　　　　　　　　a weight of 60 kg
　　「速度」を1概念として表わす　　**a** speed of 55 kilometers per hour
　　　　　　　　　　　　　　　　　　a speed of 55 km/h

▶規格が複数ある場合

「長さ1mのリボンと2mのリボン」のように、複数の規格・設定を表わす場合は、単位を複数形にします。

The model is produced **in two weights**, 3 kg and 4.5 kg.
Refrigeration is set **at temperatures** of -10℃ and -20℃ for the two compartments.
Three flasks were used **with different volumes**, 0.5 liters, 1.0 liter and 1.5 liters.

5 名詞を修飾する場合の注意点

単位数量は、「3kgの肉」「2mの巻尺」のように、名詞の修飾によく使われます。英語でこのような表現をする場合は次の点に注意しましょう。

①数値と単位の間にはハイフンを入れる
②1以上の数量でも、単位は常に単数形をとる（〈s〉は付けない）

 a **3-kg** weight   a **3-kilogram** weight
 a **5-meter** unit   a **five-meter** unit
 a **10-second** pause   a **ten-second** pause

「高さ10mの建物」のように、「高さ」「容量」などの修飾語が添えられている場合は、a **10-meter-high** building のように、「数値 - 単位 - 修飾語」をハイフン（-）でつなぎます。

 a **5-meter-high** unit   a **five-meter-high** unit
 a **1.5-liter-capacity** flask

「3個の60ワット電球」のように、規格と個数を表わす数値が続く場合には、規格と個数とで表記法（文字／数字）を変え、混乱を防ぎます。

 （悪い例）   （良い例）
 10 5-meter units → **ten 5**-meter units / **ten** units of **five** meters in height
 16 2-volt batteries → **sixteen 2**-volt batteries / **16** batteries of **2**-volt capacity

4　単位を用いた表現例

最後に、単位を用いた表現例をいくつかご紹介します。単数・複数の扱いを含め、ひと通り目を通しておきましょう。

1 具体的な単位数量を表わす

have を使った名詞的な表現例

This room has　　　a temperature　　of　　24.3℃.
（この部屋の温度は24.3℃だ。）
The land has　　　a slope　　　　　of　　15 degrees.
（その土地は15度の勾配がある。）
This machine has　a weight　　　　of　　60 tons.
（その機械は60トンの重さがある。）
A 3.5-inch FD has　a capacity　　　of　　1.44 MB.
（3.5インチ・フロッピーディスクは1.44MBの容量がある。）
Vietnam has　　　a population　　of　　72 million [people].
（ベトナムの人口は7,200万人である。）

be 動詞を使った表現例
※上記と同じ内容を別の文型で表現しています。

The temperature of　this room　　　　is　　24.3℃.
The slope of　　　　the land　　　　　is　　15 degrees.
The weight of　　　this machine　　　is　　60 tons.
The capacity of　　this 3.5-inch disk　is　　120 megabytes.

There を使った表現例

There are　　　2 tons　　of　　vegetables.
（2トンの野菜がある。）
There is　　　　1 ton　　　of　　vegetables.
（1トンの野菜がある。）

２ およその単位数量を表わす

There を使った表現例

There are　　several tons of　　　　　　　　vegetables.
（数トンの野菜がある。）
There are　　thousands of tons of　　　　　vegetables.
（数千トンの野菜がある。）
There are　　hundreds of thousands of tons of　　vegetables.
（数十万トンの野菜がある。）

第 4 章

時 間

1. **日付・曜日・時刻……78**
   1. 年月日の表記順序（アメリカ式とイギリス式）……78
   2. 曜日・月の略号……78
   3. 年号・年代・世紀……79
   4. 時刻……80
   5. 前置詞の使い分け〈at / on / in〉……81
   6. 期限・対象期間を厳密に表わす……82

2. **時間の流れを表わす……83**
   1. 順序を表わす……83
   2. 前後関係を表わす
      （〈before / after〉と〈earlier / later〉）……84
   3. 期間を表わす……85
   4. 同時に起きている状態を表わす……86
   5. 日本人が間違えやすい表現……88

1　日付・曜日・時刻

1 年月日の表記順序（アメリカ式とイギリス式）

アメリカ式とイギリス式で表記の順番が異なりますので注意しましょう。

2004年9月4日	アメリカ式	月→日→年
		September 4, 2004
		September 4th, 2004
		9/4/2004
	イギリス式	日→月→年
		4 September 2004
		4th September 2004
		4/9/2004

2 曜日・月の略号

曜日・月については省略形を使うこともできます。省略形には最後にピリオドをつけます。5月（May）は短いので、省略せずに書くのが普通です。

月名	1月	January	Jan.
	2月	February	Feb.
	3月	March	Mar.
	4月	April	Apr.
	5月	May	省略せずそのまま書く
	6月	June	Jun.
	7月	July	Jul.
	8月	August	Aug.
	9月	September	Sep.
	10月	October	Oct.
	11月	November	Nov.
	12月	December	Dec.

曜日名	日曜日	Sunday	Sun.
	月曜日	Monday	Mon.
	火曜日	Tuesday	Tue. / Tues.
	水曜日	Wednesday	Wed.
	木曜日	Thursday	Thu. / Thurs.
	金曜日	Friday	Fri.
	土曜日	Saturday	Sat.

3 年号・年代・世紀

❶年号は西暦に変換する

明治・大正・昭和といった日本の年号をそのままアルファベット表記しても、日本人以外には通じません。西暦に変換しましょう。

明治元年＝1868（AD）

大正元年＝1912（AD）

昭和元年＝1926（AD）

平成元年＝1989（AD）

❷BC（紀元前）とAD（紀元後）

グレゴリオ暦のAD（Anno Domini）は、紀元後1000年までの年号を区別するために使われます。紀元後1000年以降の年号にはADを付けません。一方、BCは紀元前の年号すべてに使われます。

❸世紀

1〜3世紀くらいまではアルファベット表記しますが、以降の世紀に関しては、文頭に置かれない限り数字で表記します。

西暦元年		**The first** century AD
17世紀	文頭に来る場合	**Seventeenth** century ...
	文中に来る場合	... in **the 17th** century.

❹年代

年代は数字あるいはアルファベットで次のように表記します。

イギリス式には〈the 1960's〉のようにアポストロフィを付ける傾向がありますが、

付けなくても構いません。

The anti-war protests of **the 1960s** have now passed into history.
（1960年代の反戦活動はいまや過去のものとなっている。）
The seventies was a time of reaction to the radicalism of previous years.
（70年代はそれまでの急進主義に対する反動の時代だった。）

4 時刻

❶公式文書における時刻表記

時刻は、基本的に数字で表記します。

7時　　　　　→　　7:00
4時20分　　　→　　4:20

❷午前／午後をはっきりさせる

〈a.m.〉〈p.m.〉を付記する。

注：〈a.m.〉のように小文字にピリオドを加えた表記が一般的ですが、ピリオドを加えない表記（am）や大文字の表記（PM）も可能です。

午後10時　　　→　　10 p.m.
午前6時30分　→　　6:30 a.m.

❸「〜時ちょうど」「〜時半」

文中で「〜時ちょうど」「〜時半」を表わす場合は、数字表記よりも、アルファベット表記が一般的です。（分・秒の端数が出る場合に、〈... o'clock〉という表現は使えません）

The experiment was repeated every half hour from **eleven o'clock**.
（実験は11時から30分おきに繰り返された。）
He arrived at **half past nine**.
（彼は9時半についた。）

ちなみに、正午・午前零時もアルファベット表記します。

正午　　　　→　　noon（twelve noon）
午前零時　　→　　midnight（twelve midnight）

❹24時間表記の場合

電気通信、旅行の予定表、軍や宇宙に関する表現などでは24時間表記を用います。

The space shuttle finally touched down at precisely **14:34** GMT.
（スペースシャトルはグリニッジ標準時間で14時34分ちょうどに着陸した。）

注：GMT＝Greenwich Mean Time（グリニッジ標準時間）

5 前置詞の使い分け〈at / on / in〉

❶ at ………特定の「時刻」に関して用います
時・分などの時刻 → at

The meeting started **at** ten o'clock, and ended **at** noon.
（会議は10時に始まり、正午に終わった。）

I was tired **at** the end of the experiment.
（実験が終わる頃には疲れきっていた。）

❷ on ………特定の「日」に関して用います
日付・曜日 → on

They married **on** December 24, 2004.
（彼らは2004年12月24日に結婚した。）

We will hold an international symposium **on** Friday, April 17.
（当社では4月16日金曜日に国際シンポジウムを開催する。）

❸ in ………特定の「期間」に関して用います
月・年・年代・世紀 → in

The new system was launched **in** the autumn of 2003.
（新システムは2003年秋にスタートした。）

The baseball season will finish **in** September.
（野球シーズンは9月に終わりを告げる。）

Photographs are best taken **in** the late afternoon.
（写真撮影には、午後遅い時間がベストだ。）

> ☞ ここがポイント!!

〈in〉は「〜のうちには」という将来の見通しを表わす用法もあります。これは〈within〉とほぼ同じ意味です。

　The shipment is expected to arrive **in** another week.
　(荷物はあと1週間もすれば届くだろう。)

　The course will finish **in** six weeks.
　(その講座は6週間で終わる。)

❻ 期限・対象期間を厳密に表わす

法的な手続きや契約書では、期限や対象期間を厳密に表現する必要があります。日本語の「〜までに」や「〜から」は期限日自体を含むかどうかが曖昧ですので、英訳には注意が必要です。

❶〜までに

　The contract must be signed **before** November 1, 2004.
　(契約書は2004年11月1日より前に〔10月31日までに〕署名されなければならない。)

〈before November 1〉と表現した場合、契約書への署名は、11月1日よりも前、つまり10月31日中に完了しておく必要があります。
「11月1日以前に」と期限日自体を含んだ表現にする場合は、〈on or before〉を用います。

　The contract must be signed **on or before** November 1, 2004.
　(契約書は2004年11月1日以前に署名されなければならない。)

❷〜から

　Tickets can be bought **after** September 15.
　(チケットは9月15日を過ぎてから〔9月16日から〕購入できる。)

〈after September 15〉と表現した場合、チケットが購入できるのは9月15日よりも後、つまりチケットは9月16日に発売されることになります。
「15日以降に」と期限日自体を含んだ表現にする場合は、〈on and after〉を用いま

す。

Tickets can be bought **on and after** September 15.
（チケットは9月15日以降に購入できる。）

❸〜から…まで

The office is closed for holidays **between** 13 **and** 19 September.
（事務所は9月13日から19日の間、休みをいただきます。）

〈**between** 〜 **and** …〉という表現では、厳密にいうと最初の日（13日）と最後の日（19日）が休暇なのかどうか曖昧です。
13日および19日を含む場合は、〈from〜to…〉を用いるか、最後に〈inclusive〉を付けるとより正確な表現になります。

The office is closed for holidays **between** 13 **and** 19 September **inclusive**.
The office is closed for holidays **from** 13 **to** 19 September (**inclusive**).
（事務所は9月13日から19日まで休みをいただきます。）→20日から営業

2　時間の流れを表わす

1 順序を表わす

❶最初に
first / firstly / initially （最初に）
first of all （まず第一に）

He made a speech **initially**. After this there was a general discussion, and the voting was done last.
（最初に彼のスピーチ、次に全体討論、最後に投票が行なわれた。）
First of all, the price is too expensive.
（まず第一に、価格が高すぎる。）

❷続いて・次に
next / then（次に・それから）
following（続いて）

　First, warm the pot, **then** add one teaspoon of tea for each person and one for the pot. **Next**, pour in boiling water and leave to steep for five minutes.
　（まずポットを温め、次に（人数分＋1）杯の茶葉を加えます。続いて沸騰しているお湯を注いで5分間置きます。）

❸その他順番を示す表現
second / secondly（2番目に）
third / thirdly（3番目に）
last but two / third last / third from the end（最後から3番目）
last but one / second last / second from the end（最後から2番目）

　In the race, he finished **second last**.
　（そのレースで、彼はビリから2番目にゴールした。）

❹最後に
last / lastly / finally（最後に）
last of all（一番最後に）

　Finally, I wish to thank all of the members of this committee.
　（最後に、本委員会の皆様に御礼を申し上げたいと思います。）

2 前後関係を表わす（〈before / after〉と〈earlier / later〉）

❶ before / after
2つの物事の間における前後関係を表わします。

　Look both ways **before** you cross the street.
　（左右を確認してから、道を渡りましょう。）
　I will leave Japan six months **after** our marriage.
　（私は、結婚から半年後に日本を離れる予定だ。）

❷ earlier / later
ある起点より前か後かを表わします。

次の例では、来日した年（1998年）を起点にして、その前か後かを述べています。

 I came to Japan in 1998. Two years **earlier** I had been living in Spain. Three years **later** I moved to Peru.
 （私は1998年に来日した。その2年前にはスペインに住んでいた。日本に来てから3年後にペルーへ移住した。）

beforehand / afterward(s) も〈earlier / later〉と同じように使うことができます。
 Ask **beforehand** about rates and fees.
 （料金と手数料について、あらかじめ〔事前に〕聞いておいてください。）
 Afterwards, I could not stop thinking about you.
 （それ以来、君のことが頭から離れなくなった。）

3 期間を表わす

❶ while
一定時間に渡る行為・出来事・状況に用いる汎用表現で、主に次のような場合に用います。

〜する間に／〜するうちに／〜する限りは
Lay out the cups and saucers **while** the water is being boiled.
（お湯を沸かしている間に、カップを並べておきます。）

〜する一方で（やや逆説的なニュアンス）
While some people dine on gourmet food, others have too little to eat.
（美食を楽しむ人がいる一方で、食べ物に事欠く人もいる。）

❷ as（〜の間に／〜しながら／〜につれて）
時間よりも動作や変化に焦点をあてた表現で、主に次のような場合に用います。
〜しながら
※複数の動作を並行して行なう場合を表わします。（〜しながら…する）
He trembled **as** he spoke.
（彼は話しながら震えた。）

～につれて

※比例して変化していく状態を表わします。

As one grows older, one comes to appreciate the little things in life.
（人は年を重ねるにつれ、人生における些細なことの価値がわかってくるものだ。）

❸ during（～の間中、～中に）
ある動作が、特定期間の最初から最後まで続く状態を表わします。

I felt sick **during** the train trip.
（私は、列車の旅の間中、具合が悪かった。）

❹ for（～の間）
時間・期間の具体的な長さをあらわします。

The applause lasted **for** over three minutes.
（拍手は3分間以上鳴りやまなかった。）

❺ between～and…（～と…の間）
　from～to…（～から…まで）

前の項でも触れましたが、〈between〉は2つのものの中間をあらわす前置詞ですので、厳密に言えば、最初と最後の値は含まれません。
最近はこのあたりのニュアンスが曖昧になっており、〈between〉を使われることもあるようですが、より正確さを期すのであれば、〈between～and…inclusive〉とするか、〈from～to…〉とします。

between 2 p.m. **and** 3 p.m.
（午後2時台）→2時と3時は含まれません

from 1 **to** 49 **inclusive**
（1から49まで）→1と49を含む

4 同時に起きている状態を表わす

❶ as soon as（～するや否や）
間髪を置かずに続く状態を表わします。

We will inform you **as soon as** the shipment arrives.
（荷物が到着次第、お知らせします。）

❷ at the same time / simultaneously（同時に・一斉に）
短いスパン（秒・分・時間）での同時発生を表わします。

　The film and the book were **simultaneously** released all over the world.
　（映画とその原作本は、世界で同時にリリースされた。）

❸ coincidentally（偶然の一致で、ちょうど）
偶然の一致で、同時発生する状態を表わします。

　Coincidentally, as my train stopped, I saw a friend boarding the train on the next platform.
　（私が乗った電車が停車したときに、ちょうど友人が反対側のホームから電車に乗るのが見えた。）

❹ concurrently（併発して）
ある程度のスパン（日・週・年など）にわたって同時発生・並行する場合に用います。「共存・共同」といったニュアンスもあります。

　Two or three courses can be taken **concurrently**.
　（2〜3コースを同時にとることができる。）

❺ contemporarily（同時代に）
長い期間（年・10年間・生涯など）にわたる同時発生・並行状態を表わします。

　Contemporarily with the early scientific discoveries in the West, Japan was developing its art under the Tokugawas.
　（西洋で科学上の発見が進んでいた時代に、日本では徳川幕府のもとで芸術の振興が進んでいた。）

❻ synchronously（同期・同調して）
周期的な同時発生をあらわす表現で、科学的な文書に用います。

　This video camera is equipped to record sound and visual image **synchronously**.
　（このビデオカメラには音声と映像を同期させて録画する機能がある。）

5 日本人が間違えやすい表現

❶ at first
〈at first〉は「当初は・最初のうちは」といったニュアンスを持ち、その後の物事との対比を示します。単純に順序を表わす場合には使いません。
(ビジネス文書・技術資料などのフォーマルな文書では使いません)
　At first, it was very difficult, but now it is much easier.
　(最初のうちはとても難しいが、だんだんやさしくなる。)

❷ at last
〈at first〉と同様に、単純に順序を示す表現ではありません。長いブランクを経た後で物事が達成されたことを示す表現で、「ようやく・ついに」というニュアンスがあります。(ビジネス文書・技術資料などのフォーマルな文書では使いません)
　For five years he has been trying to pass the examination and **at last**, he has succeeded.
　(5年にわたる努力の結果、彼はついに試験に合格した。)

❸ after all
この表現は「やはり・ともかく・それでも・結局」という、やや逆説的なニュアンスを持ちます。単純に順序を表わす表現とは区別しましょう。
　It was expected that there would be many deaths in the crash, but everyone survived **after all**.
　(その衝突事故では多くの死者が出ると思われたが、結果的には全員が命を取り留めた。)

❹ consequently
〈as a result〉や〈therefore〉と同義で、「**結果として・したがって**」という意味で用います。順序ではなく、因果関係を示す表現です。

❺ primarily
〈most importantly〉あるいは〈mainly〉と同義で、「**主として・第一に**」などの意味を表わします。順序ではなく、優先順位が一番高いことを示す表現です。

第 5 章
位置・場所・方向性

1. **位置・場所……90**
   基本編）
   1 「点」との関係で表わす……91
   2 「線」との関係で表わす……93
   3 「面」との関係で表わす……95
   4 「領域」との関係で表わす……98
   5 「空間」との関係で表わす……99
   応用編）
   6 遠近で表わす……101
   7 ある点からの距離で表わす……104
   8 並び順で表わす……106
   9 囲まれた状態を表わす……107
   10 向きを表わす……108
   11 垂直方向の位置関係を表わす……112
   12 その他（位置合わせ・並列・角度など）……115

2. **日本人が間違えやすい表現……117**
   1 位置と場所の表現を正しく使い分ける……117
   2 前置詞を正しく使い分ける……119

3. **方向性と動き……122**
   1 方向性を表わす……122
   2 様々な動きを表現する……125

1　位置・場所

基本編

場所を表現する際のポイントは、〈on〉〈at〉などの前置詞の使い分けです。ここでは、場所の概念を5つのパターンに大別し、それぞれのパターンにおける前置詞の用法を説明します。

①「点」との関係で表わす
②「線」との関係で表わす
③「面」との関係で表わす
④「領域」との関係で表わす
⑤「空間」との関係で表わす

まずは、次のイラストでイメージをつかんでみましょう。

The ball is **on** the box.
（ボールは箱の上にある。）

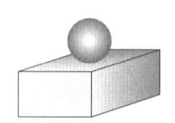

ボールが箱の上面にある場合は、〈on〉を使って表現します。
〈on〉は表面に接している状態を表わしますので、箱の上面だけでなく、側面に接している場合にも使います。

There is a label **on** the side of the box.
（箱の側面にラベルが付いている。）

それでは、〈on〉を〈in〉に変えるとどうなるでしょうか。

The ball is **in** the box.
（ボールは箱の中にある。）

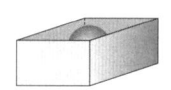

〈in〉を使うと、ボールが箱の表面ではなく箱の中（三次元の空間）にある状態を

表わすことができます。

さらに、前置詞でものの動きを表現することもできます。

The ball is falling **into** the box.
（ボールが箱の中に落ちていく。）

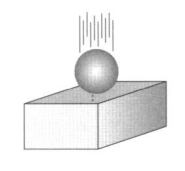

The ball is falling **onto** the box.
（ボールが箱の上に落ちていく。）

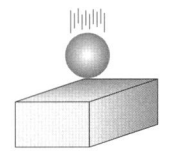

〈into〉と〈onto〉で、着地点（「箱の中」or「箱の上面」）を表現しているのがおわかりいただけたでしょうか。

それでは、5つのパターンに沿って前置詞の使い分けを説明しましょう。

1 「点」との関係で表わす

```
            （静）                （動）
  at          ⊠          to      ●────×
  away from   ×    ●     (away) from  ●◀────×
```

▶**at（静）**
ある「1点」「1地点」にある状態を表わす

The ball **at** the tip of the ballpoint pen rotates and transfers the ink to the paper.
（ボールペンの先についているボールが回転し、インクを紙に転写する。）

待ち合せ場所・経由地などは、ある程度の広さがある場合でも、全体で1つの「地点」ととらえて〈at〉を使います。

The ski tour will meet **at** Shibuya Station.
（スキーツアーの待ち合わせ場所は渋谷駅だ。）

The plane stopped **at** New York on the way to Los Angeles.
（その機はロサンゼルスへの途中、ニューヨークに立ち寄った。）

また、到達点を〈at〉で表わすこともあります。

If a strong earthquake hits, park the car **at** the side of the road and get out.
（強い地震が起きた場合は、車を道路脇に駐車し、車から降りてください。）

道路脇（the side of the road）は、実際のところ点ではありませんが、ひとまとまりの目標地点としてとらえている訳です。〈arrive **at**〉も同様の用法です。

活動場所・所属先を表わす

The manager sat **at** his desk all day and made phone calls.
（マネージャーは1日中机に座って、電話をかけていた。）

机には表面や体積がありますが、マネージャーは机の上面や内側に座るわけではありません。机全体を活動が行なわれる「点」としてとらえるため、〈at〉を使います。
下記の場合も、その場所全体を「点」としてとらえ、atを使います。

at school（学校で）	**at** a restaurant（レストランで）
at Harvard（ハーバードで）	**at** church（教会で）
at work (**at** my office)（勤務先で）	**at** a concert（コンサートで）
at home（自宅で、本国で）	**at** the circus（そのサーカスで）

▶ **to**（動）
ある「1点」「1地点」に向かう動きを表わす

The hikers walked **to** the top of the mountain in five hours.
（登山者は5時間で山頂に登った。）

The family next door will move **to** France next week.
（隣の一家は来週フランスに引っ越す。）

ここでも〈at〉と同じように、かなりの広さがある場所（フランスなど）であっても1つの「地点」としてとらえています。

▶ **away from**（静／動）
ある点から離れたところにある状態を表わす

Bicycles must be parked **away from** the station.
（自転車は駅から離れた所に止めること。）

Most university students in England live **away from** their parents.

（イギリスでは、大学生になると親元から離れて生活することが多い。）

ある点から離れていく動きを表わす

Move **away from** the door, or someone might bump into you.
（ドアから離れなさい。そうしないと誰かが入って来たときにぶつかるよ。）

The dog ran **away from** me as soon as I bent down to grab its collar.
（かがんで首輪をつかもうとしたが、犬は逃げてしまった。）

▶ **from**（動）

起点を表わす

The cook took a large pot **from** the top shelf.
（コックは、1番上の棚から大鍋を取り出した。）

I flew **from** New York yesterday.
（昨日、ニューヨークから飛行機に乗った。）

2 「線」との関係で表わす

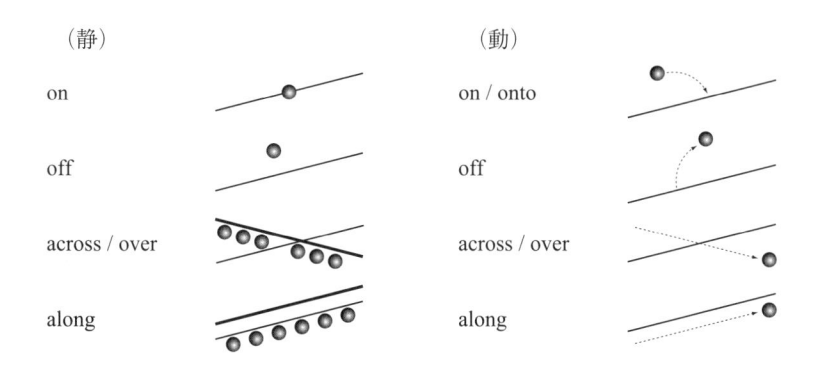

（静）　　　　　　　　　　　　（動）

on　　　　　　　　　　　　　on / onto

off　　　　　　　　　　　　　off

across / over　　　　　　　　across / over

along　　　　　　　　　　　　along

▶ **on**（静／動）

線の上にある状態、線の上に置く動きを表わす

Shibuya Station is **on** the Yamanote Line.
（渋谷駅は山手線上にある。）

The boy put his hand **on** the live wire and received an electric shock.
（男の子が送電線に触れて、電気ショックを受けた。）

▶線に面している、近接している状態を表わす

川・道路・境界線などに関する表現では、こちらの用法が一般的です。

My aunt has a house **on** Lake Geneva.
(伯母はジェノバ湖畔に家を持っている。)
→家は湖上に浮いているのではなく、湖岸の近くにあります。

The post office is **on** Davenport Avenue.
(郵便局はダヴェンポート通りに面している。)
→郵便局は、道路面上にではなく道路沿いにあります。

The truck driver stood **on** the edge of the cliff and looked down at the sea.
(トラックの運転手は、崖の縁に立って海を見下ろしていた。)
→実際に立っているのは崖の縁近くです。縁に立つと落ちてしまいます。

▶off（静／動）
線・流れからそれている（離れている）状態を表わす

Zanzibar is **off** the coast of Tanzania.
(ザンジバル島はタンザニア海岸の沖合にある。)

The village we are visiting is **off** the main road.
(行き先の村は大通り沿いにはない。)

線・流れからそれていく（離れていく）動きを表わす

The boy took his hand **off** the wire as soon as he received an electric shock.
(男の子は、電気ショックを受けたとたんに電線から手を離した。)

The truck turned **off** the main road and onto a narrow track.
(トラックは本通りから狭い道に入った。)

The express train hit the fallen tree and came **off** the rails.
(急行列車が倒木にぶつかって脱線した。)

▶across / over（静／動）

線・河川・道路・端・境などを横切ったり、超えたりする動き・状態を表わします。〈over〉が比較的高さのあるものを横切る場合に用いられるのに対し、〈across〉は平面や水面について用いることが多いようです。

横切っている（超えている）状態を表わす

The power cable **over** the railway line was blown onto the track during a storm.
(嵐の間に、線路の上を横切る高圧線が飛ばされて、線路の上に落ちていた。)

Cars had to stop at the barrier **across** the road.
（車は道路を横切る障害物のところで停車しなければならなかった。）

横切る（越える）動きを表わす

He climbed **over** the wall.
（彼は壁を乗り越えた。）

He walked **across** the desert.
（彼は徒歩で砂漠を横断した。）

▶along（静／動）
線・流れに沿っている状態を表わす

These shade trees were planted **along** the road over fifty years ago.
（50年前に、街路樹が道沿いに植えられた。）

線・流れに沿っている動きを表わす

The monorail runs **along** a single elevated track.
（モノレールは、1本の高架線を走る。）

3 「面」との関係で表わす

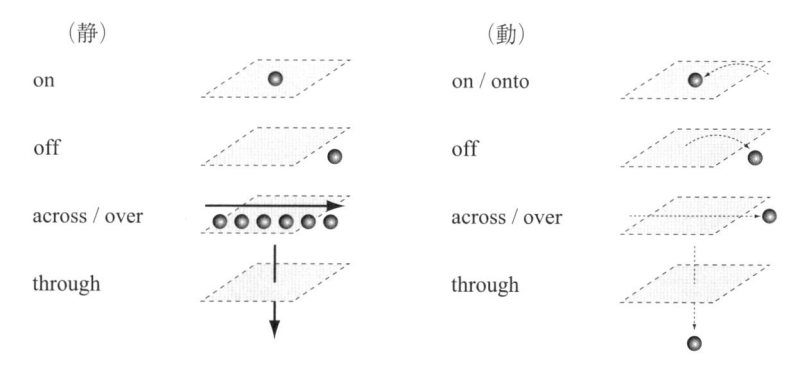

（静）　　　　　　　　　　　　　　（動）

on　　　　　　　　　　　　　　　on / onto

off　　　　　　　　　　　　　　　off

across / over　　　　　　　　　　across / over

through　　　　　　　　　　　　through

▶on（静／動）
面に接している（付着している）状態を表わす

The baby has dirt **on** its face.

（赤ん坊の顔に泥がついている。）

Two flies are **on** the ceiling.
（天井にハエが2匹止まっている。）

We went to a party in a houseboat **on** the canal.
（私たちは、運河に止まった屋形船でのパーティに出かけた。）

紙や窓のように平面的なものの表面に関しても、〈on〉を使うことができます。

The town where I live is not **on** this map.
（私の住む町は、地図上に載っていない。）

Sign your name **on** this form.
（この書類に署名してください。）

☞ここがポイント!!

新聞は厚みがあるものとして考えますので、〈on〉でなく〈in〉を使います。

I read the article **in** this morning's Japan Times.
（今朝のジャパンタイムズ紙でその記事を読みました。）

表面に接しようとする動きを表わす

The damaged plane landed safely **on** the runway.
（損傷を受けた飛行機は、滑走路に無事着陸した。）

比較的大きな交通手段に乗る動作にも〈on〉を用います。

Get **on** a boat（ボートに乗る）

Get **on** a train（列車に乗る）

Get **on** a plane（飛行機に乗る）

▶onto（動）
面に向かった動きを表わす

The cup fell off the table **onto** the floor.
（カップはテーブルから床の上に落ちた。）

▶off（静／動）
面から離れている状態を表わす

The plane is now **off** the runway and parked on the apron.
（飛行機は今、滑走路を離れて駐機場に止まっている。）

面から離れていく動きを表わす

He walked **off** the stage.
（彼はステージから歩き去った。）

▶ across / over（静／動）
面を横切っている（覆っている）状態を表わす

The electricity pylons go **across** the valley.
（高圧電線用の鉄塔が谷を横切るように連なっている。）
There is a thick mist **over** the lake.
（濃い霧が湖にかかっている。）

面を横切っている（覆っている）動きを表わす

The thief was last seen running **across** the street.
（泥棒が最後に目撃されたのは、通りを渡る姿だった。）
The oil quickly spread **over** the water.
（油膜はあっという間に水面を覆う。）

▶ through（静／動）
貫通している状態を表わす

The end of the broken bone was sticking **through** the skin of his leg.
（折れた骨の端が足の皮膚から突き出ていた。）

貫通する動きを表わす

The carpenter is drilling **through** (the surface of) the table.
（大工はテーブルにドリルで穴をあけている。）

4 「領域」との関係で表わす

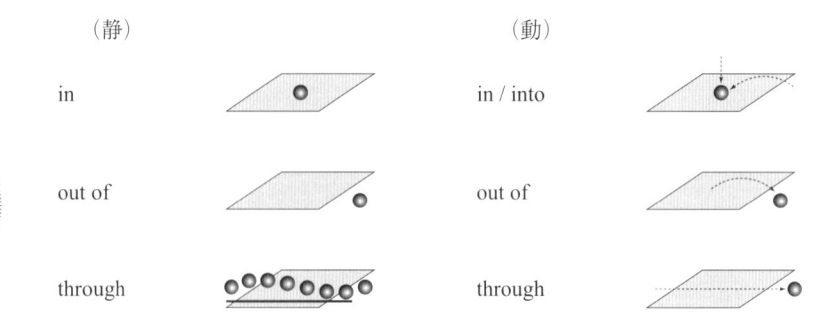

（静）　　　　　　　　　　　　　（動）

in　　　　　　　　　　　　　　　in / into

out of　　　　　　　　　　　　　out of

through　　　　　　　　　　　　through

▶**in**（静／動）
領域の中にある（いる）状態を表わす

　I live **in** Tokyo.
　（私は東京に住んでいます。）
　The zoo is **in** Ueno Park.
　（その動物園は上野公園の中にある。）

領域の中に入る動きを表わす

　The damaged plane had to land **in** a field.
　（損傷を受けた飛行機は不時着しなければならなかった。）

▶**into**（動）
領域の中に入る動きを表わす

　The group of children ran **into** the park.
　（子供の集団が公園〔の外から中〕に走りこんできた。）

☞**ここがポイント!!**

このように、境界線を横切って入る場合は〈into〉、前項の例（飛行機が上空から降りてくる）のように、境界線を横切らないで入る場合は〈in〉を用います。

▶**out of**（静／動）
領域の外にある状態を表わす

　The journalist had been **out of** England for two years.

（そのジャーナリストは、イギリスを2年間離れていた。）

This species of deer cannot be found **out of** a park.
（この種の鹿は公園の外では見られない。）

領域の外に出る動きを表わす

The car turned left **out of** the car park.
（その車は、駐車場を出て左に曲がった。）

The matador jumped **out of** the ring when the bull charged.
（牛が突進すると、闘牛士は闘牛場から飛び出した。）

▶through（静／動）

領域の中を通っている状態を表わす

There is a path **through** the woods.
（森を通り抜ける道がある。）

This row of street lamps goes **through** the park.
（公園を横切って、街灯が連なっている。）

領域の中を通過する動きを表わす

As soon as he arrived, he went for a walk **through** the neighborhood.
（彼は到着するとすぐに近所を散歩に出かけた。）

5 「空間」との関係で表わす

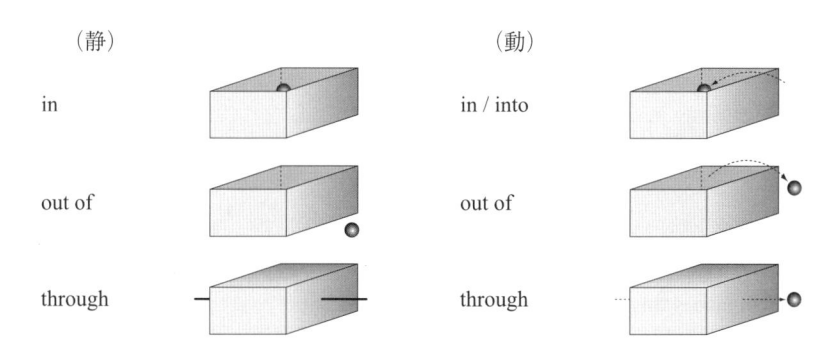

（静）　　　　　　　　　　　（動）

in　　　　　　　　　　　　　in / into

out of　　　　　　　　　　　out of

through　　　　　　　　　　through

▶ in（静／動）
空間の内部にある（いる）状態を表わす
 The whiskey is **in** the cupboard.
 （ウィスキーが戸棚の中に入っている。）
 I left the keys **in** the lock.
 （鍵を鍵穴に指したままだ。）

空間の内部に入る動きを表わす
 Let's go **in** the house.
 （さあ、家に入りましょう。）

▶ into（動）
空間の内部に入る動きを表わす
 The boy dived **into** the water.
 （男の子は水に飛び込んだ。）
 The police surged **into** the crowd.
 （警官隊が群集の中に突っ込んでいった。）

▶ out of（静／動）
空間の外部にある状態を表わす
 The manager was **out of** the room when the phone rang.
 （電話が鳴った時、マネージャーは部屋にいなかった。）
 Turtles lay their eggs **out of** the water.
 （カメは陸上に卵を産みつける。）

領域の外部に出る動きを表わす
 The train moved **out of** the station with its whistle blowing.
 （列車は汽笛を鳴らしながら駅を出発した。）
 The frog suddenly jumped **out of** the pond.
 （蛙が急に池から飛び出した。）

▶ through（静／動）
空間を貫通している状態を表わす
 This pipeline goes **through** the mountain.
 （パイプラインは山を貫通している。）

空間を貫通する動きを表わす

The shape of the submarine enables it to travel easily **through** water.
（潜水艦は水中を進みやすい形状になっている。）

The bullet went straight **through** the prime minister's heart.
（弾丸は首相の心臓を真っ直ぐに打ち抜いた。）

応用編

ここからは、位置を表わす各種表現を説明していきます。

6 遠近で表わす

▶ **far**（遠い）
遠く離れている状態を表わす

The park is **far** from the station.
（その公園は駅から遠い。）

New York and San Francisco are **far** apart.
（ニューヨークとサンフランシスコは遠く離れている。）

▶ **near**（近い）
〈far〉の対義語で近い状態を表わす

The post office is **near** the station.
（郵便局は駅に近い。）

〈very〉や〈quite〉を用いて、遠近の度合いをより具体的に表現することもできます。

The post office is **very/quite far from** the station.
（郵便局は駅からとても遠い。）

The post office is **not very near** the station.
（郵便局は駅からそれほど近くない。）

▶ by（そばに）
〈near〉よりもさらに近い状態を表わす。また、「手元に（届くところに）」といった利便性のニュアンスもある

The printer does not have to be placed **by** the computer but can be located in another room.
（プリンタはコンピュータのそばに置く必要はなく、別の部屋に設置してもよい。）

The nurse stayed **by** my bed throughout the night.
（その看護師は、一晩中ベッド脇に付き添っていてくれた。）

ただし〈by〉は、移動可能なものが、より大きい（より重要な）固定されたもののそばにある状態を表わします。そのため、次のような文で〈by〉を用いると違和感があります。

× The tree is by the car. →車は移動できるが、木は移動できない
× Tokyo Tower is by a convenience store.
　　→東京タワーはコンビニより遥かに大きい

▶ nearby（近い・近くの）
〈by〉と同義ですが、形容詞にも副詞にもなります

There are many restaurants **nearby**.（副詞）
（近所には、レストランが多い。）
I went to a **nearby** hospital to obtain the medicine.（形容詞）
（薬をもらいに近くの病院に行った。）

▶ close to（近接して）
もうすこしで接触するほど接近している状態を表わします

Place the north pole of the magnet **close to** the wire.
（磁石のN極を、針金すれすれまで近づけてください。）

▶ close by（すぐそばに）
〈nearby〉に似た表現ですが、より近い状態を表わします

A few bicycles passed **close by** me.
（数台の自転車が私のすぐそばを通り抜けた。）

▶ adjacent (to)（隣接〔して〕）

〈close by〉と同じような表現で、同種のものが2つ近接しており、しかも2つの間には同種のものが他にない場合に用いる

The two ends of the cable must be inserted into **adjacent** sockets.
（ケーブルの2つの端子は隣り合ったソケットに差し込むこと。）

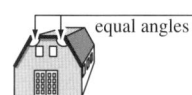

The **adjacent** angles at the top of the structure must be equal.
（この構造物の上部は、隣接角の角度を同じにすること。）

The post office is in the **adjacent** building.
The post office is **adjacent** to this building.
（郵便局は隣のビルだ。）

注：この場合は、〈adjacent to〉の代わりに〈next to〉を使うこともできます。
The post office is **next to** this building.
（郵便局は隣のビルだ。）

▶adjoining（隣接した・地続きの）
2つのものまたは区域が接している、または境界線を共有している場合に用いる

Sound travels through the wall to the **adjoining** structures.
（音は壁を通して隣接物に伝わる。）

Shizuoka is larger than the **adjoining** prefectures of Yamanashi and Kanagawa.
（静岡県は隣接する山梨県と神奈川県よりも広い。）

▶against（もたれかかって・寄りかかって）
一方が他方に寄りかかっている状態を表わす

The ladder is leaning **against** the wall.
（梯子が壁に立てかけてある。）

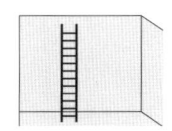

Press the pedal until it pushes **against** the switch.
（スイッチを押すところまで、ペダルを踏み込んでください。）

7 ある点からの距離で表わす

▶ from（〜から）

The hotel is three kilometers **from** the station.
（このホテルは駅から3kmの場所にある。）

The conference center is three minutes on foot **from** the station.
（会議場は駅から徒歩3分です。）

▶ away from（〜から〔離れて〕）

The television must be set at least six centimeters **away from** a wall to allow air to circulate around it.
（テレビは壁から6cm以上離して設置し、空気の通りを良くする。）

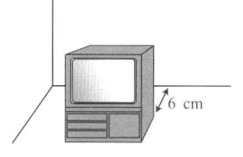

The post office is three buildings **away from** the hotel.
（郵便局はホテルの3軒隣です。）

▶ apart（離れて）

The trees have been planted two meters **apart**.
（木々は2メートル間隔で植えてある。）

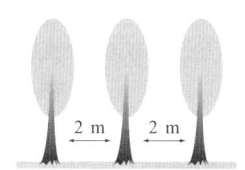

▶ separated by（隔てて）

The doors are **separated by** a distance of two meters.
（ドアとドアの間は2メートル離れている。）

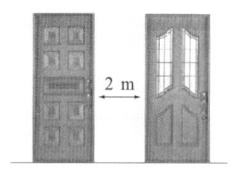

☞ここがポイント!!

〈away from〉や〈apart〉は、〈between〉を使って言い換えることもできます。

The distance **between** A and B is 50 m.

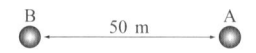

A is 50 m **away from** B.

A and B are 50 m **apart**.

（AとBは50m離れている。）

▶ **beyond（先に）／before（手前に）**

A is 50 m **beyond** B.
(AはBの50m先にいる。)
B is 50 m **before** A.
(BはAの50m手前にいる。)

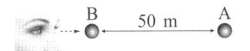

▶ **up / to / into**

The first bridge is twenty kilometers **up** the river (from here).
(最初の橋は、ここから20km上流にあります。)

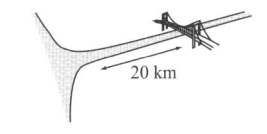

The station is five kilometers **to the north** (of here).
(駅はここから北に5kmのところにある。)

The light switch is placed ten centimeters **to** the left of the door
(照明のスイッチは、ドアから左に10cmの所にあります。)

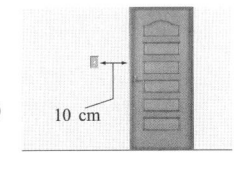

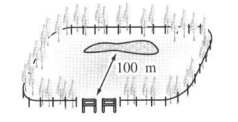

About 100 meters **into** the park you come to a lake.
(公園に100mほど入ると湖がある。)

☞ここがポイント!!　距離を比率で表わす

具体的な数値でなく、比率で表わす方法もあります。

Tie the string **three-quarters of the way up** the pole.
(柱の下から4分の3の所に紐を結んでください。)

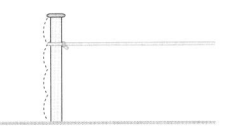

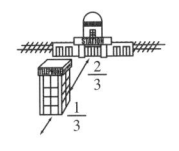

There is a telephone booth **at a point one third of** the distance between here and the station.
(ここから駅までの間の3分の1の所に電話ボックスがあります。)

8 並び順で表わす

▶序数

D is **the fourth** letter from the left in the top row.
（Dは最上列の左から4番目だ。）

ABCDE
FGHIJ
KLMNO

N is **the second** from the right in the bottom row.
（Nは最下列の右から2番目だ。）

D is **the fourth** from the top.
（Dは上から4番目だ。）

C is **the third** from the bottom.
（Cは下から3番目だ。）

A
B
C
D
E

Baker Street is **the third** street on the right.
（ベイカー・ストリートは向かって右側の3本目の通りです。）
＊右側で数えると3本目、左側で数えると2本目にあたります。

Baker St.

P.O.

The post office is **the third** building in the first block on the right.
（郵便局は右側の最初のブロックの3軒目です。）

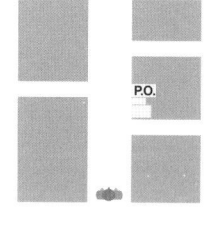

▶next to（次の・隣の）

The bank is **next to** the laundry.
（銀行はクリーニング屋の隣にある。）

The post office is **next but one to** the laundry.
（郵便局はクリーニング屋から1軒置いた隣にある。）

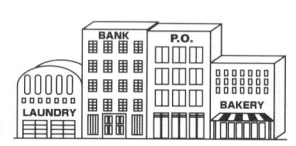

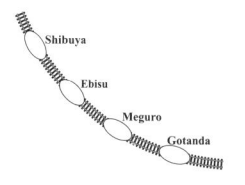

Ebisu station is **next to** Shibuya station.
（恵比寿駅は渋谷駅の隣にある。）

Meguro and Ebisu stations are **next to** each other.
（目黒と恵比寿は隣り合わせの駅だ。）

▶ahead of（先に・前に）⇔ behind（後に）

106

The cat is running **ahead of** the dog.
（猫は犬の前を走っている。）

The dog is running **behind** the cat.
（犬は猫の後ろを走っている。）

9 囲まれた状態を表わす

▶**between**（中間に）
2つのものの中間に位置する状態を表わします
2つのものは接触している場合・接触していない場合があります。

between　　　　　　　　　not between
（間にある）　　　　　　　（間にはない）

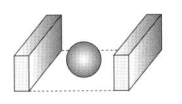

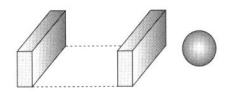

The box is **between** the cupboard and the bookcase.
（その箱は食器棚と本棚の間に置いてある。）

The television is **between** the two boxes.
（テレビは2つの箱にはさまれている。）

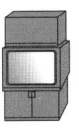

A sandwich usually consists of savory food **between** two slices of bread.
（サンドイッチとは、2枚のパンの間に味付けした具を挟んだものである。）

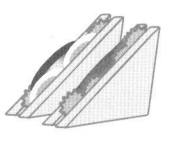

ちなみに、〈between〉の反意表現には次のようなものがあります。

The box has a ball **on either side of** it.
There is a ball **on either side of** the box.
（箱の両側にボールがある。）

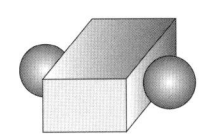

▶ among（間に・中に）
複数のものに囲まれている（混じっている）状態を表わします

The scissors are **among** the things on the desk.
（ハサミは、机上のものの中にある。）

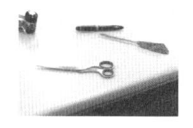

The dog ran **among** the crowd of people.
（犬は群集の間を走っていった。）

ものの数が少なく個々が明らかに別物である場合には、〈among〉の代わりに〈between〉を使うこともあります。

Switzerland lies **between** Austria, France, Germany and Italy.
（スイスはオーストリア、フランス、ドイツ、イタリアの間にある。）

▶ surround / surrounding（周囲・周辺の〔に〕）
取り囲んでいる状態を表わします

Many trees **surround** the house.
（多くの木々がその家を取り囲んでいる。）

The **surrounding** trees are mostly conifer.
（周囲の木々はほとんどが針葉樹である。）

10 向きを表わす

▶ in front of（～の正面に）
behind（～の後ろに・背後に）
beside（～の脇に・横に）
on top of（～の上部に）

一定の向きを持つものに対する位置関係を表わします
まずは次のイラストで、それぞれのニュアンスを理解しましょう。

The truck is **in front of** the police station.
（トラックは警察署の正面に止まっている。）

The garage is **behind** the building.
（車庫は建物の裏手にある。）

There is a man **beside** the police station.
(警察署の横に1人の男がいる。)

The radio tower is **on top of** the police station.
(警察署の建物の上に無線塔が立っている。)

注：〈on top of〉は、上部と接している状態を表わします。

〈in front of〉と〈behind〉は、上記以外にも様々な場合に使うことができます。

観察者の視点からみた位置を表わす

対象自体に特定の向きがない場合に、観察者の視点からみた前後、表裏を表わします。

His face is **behind** the newspaper.
(彼の顔は新聞で隠れている。)

The woman is standing **in front of** the window.
(その女性は窓の前に立っている。)

移動する方向に対する前後を表わす

前進しているものの前方にある場合を〈in front of〉、後方にとり残された状態を〈behind〉で表わすことができます。

The cat jumped **in front of** the bus.
(猫がバスの前に飛び出した。)

The dog jumped **in front of** the ball and caught it in its mouth.
(犬がボールの先にジャンプして、口でキャッチした。)

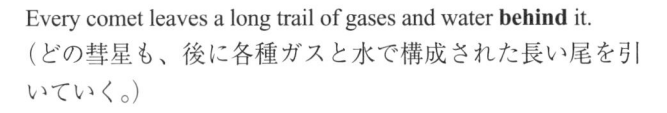

Every comet leaves a long trail of gases and water **behind** it.
(どの彗星も、後に各種ガスと水で構成された長い尾を引いていく。)

The observation car is **behind** the dining car and the sleeping car is **in front of** it.
(展望車は食堂車の後方にあり、寝台車は食堂車の前方にある。)

有効範囲の内外にある状態を表わす
カメラの撮影範囲やライトの照射範囲の内外にある状態を表わします。

The box is **in front of** the camera.
(その箱はカメラの前〔撮影範囲内〕に置かれている。)

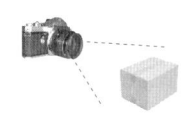

I cannot see your face unless you stand **beside** the light.
(ライトの脇に立たないと、顔が見えないよ。)

▶ underneath（下に・底に）
底面に接している、あるいは底部に位置する状態を表わします
〈under〉よりも「隠れている」ニュアンスが強く、隠れていて上からは見えない場合にも使います。

The exhaust pipe goes **underneath** the car.
(排気管は車の下に付いている。)

There is a warning sign **underneath** the bridge.
(橋の下に警告の標識が付いている。)

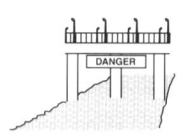

The ransom money was found **underneath** the refuse.
(身代金はゴミの下から見つかった。)

▶ opposite（向かい合わせの・反対側の）
向かい合っている状態を表わす
次のような場合には、〈facing each other〉よりも〈opposite〉を使います。

The door is **opposite** the window.
(ドアは窓と向かい合わせに位置している。)

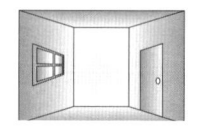

The post office is **opposite** the bank
(郵便局は銀行の向かいにある。)

この場合、郵便局とクリーニング店とは1直線上にないので、〈opposite〉で表わすことはできません。

また、次の例を見れば、〈opposite〉と〈in front of〉の違いがわかります。

The tree is **in front of** the bank.
(その木は、郵便局の前に生えている。)
The bank is **opposite** the post office.
(銀行は郵便局の向かいにある。)

〈opposite〉は、場所を表わす前置詞とともに使うこともあります。

There are many trees **on** the **opposite** bank of the river.
The trees are **on the opposite side of** the river.
(川の向こう岸には多くの木々が生えている。)

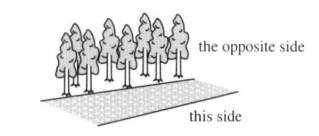

▶oriented (〜向き、〜の方位に)
方位を表わす表現です

A church is usually **oriented** toward the west.
(教会はたいてい西向きである。)

▶face / facing (面している・向いている)

The hotel **faces** the river.
(そのホテルは川に面している。)

The armchair **is facing** the fireplace.
(肘掛椅子は暖炉の方を向いている。)

〈facing〉は、方向性を表わす表現とあわせて用いることもあります。

Turn the painting **to face** the camera.
(その絵をカメラの方に向けてください。)

The laminated side of the panel should **face outward/inward**.
(パネルのラミネート加工面を外側〔内側〕に向けること。)

Put the playing cards **face up/down** on the table.
(カルタの表を上にして〔裏返しにして〕テーブルに並べてください。)

2つのものが互いに向かい合っている場合は、以下のように表わします。

The armchairs are **face to face (facing each other)**.
（肘掛椅子が向かい合わせに置いてある。）

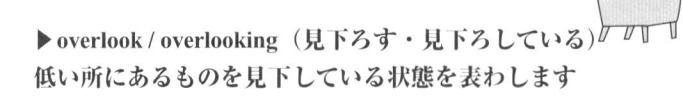

▶ **overlook / overlooking**（見下ろす・見下ろしている）
低い所にあるものを見下している状態を表わします

The church was built on a hill **overlooking** the town.
（教会は町を見下ろす高台に建っている。）

11 垂直方向の位置関係を表わす

〈over〉と〈under〉が垂直方向における一直線上の配置、つまり「真上」「真下」のニュアンスを表わすのに対し、〈above〉と〈below〉は高度の違い、つまり漠然と「上の方」「下の方」を表わす表現です。ここであげる様々な例文から、それぞれのニュアンスをしっかりとつかんでください。

▶〈over〉と〈under〉
「真上」「真下」にある状態

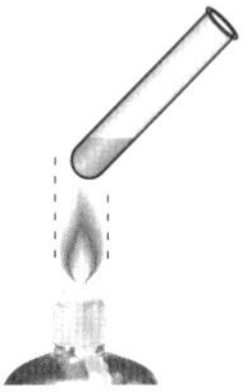

Heat the test tube **over** the flame.
（試験管を炎の上で加熱してください。）

The couple is sitting **under** the parasol.
（そのカップルはパラソルの下に腰を下ろしている。）

The mechanic got **under** the car to check the engine.
（整備士は車の下にもぐってエンジンを点検した。）

「覆っている」「広がっている」状態

The quilt is placed **over** the frame of the kotatsu to keep in the heat.
（保温のために、コタツの枠に掛け布団をかぶせてある。）

The plastic cap fits **over** the end of the pipe to protect the thread.
（プラスチック・キャップで管の端を覆い、ネジ山を保護している。）

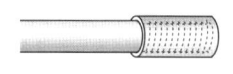

The plastic sheet **under** the wallboard acts as a moisture barrier.
（壁材の下にはさんだプラスチックシートには防湿効果がある。）

上や下を通って反対側にいく動作

The lightweight headphones fit **over** the head and are easily adjustable.
（軽量のヘッドホンは頭にフィットし、簡単に調節できる。）

The tunnel was built **under** the road.
（そのトンネルは、道路の下をくぐっている。）

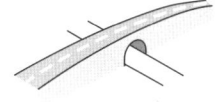

☞ここがポイント!!　〈overhead〉と〈underfoot〉
形容詞・副詞として、頭上や足元のものを表わします。

He swung the hammer from high **overhead**.
（彼は頭上高くからハンマーを振り下ろした。）

Visually impaired people can walk around stations by feeling the ridges or bumps **underfoot**.
（視覚障害者は、足元の隆起部の感触を頼りに駅構内や周辺を歩くことができる。）

▶〈above〉と〈below〉
高度の違いを表わす

The church is **above** the town.
（教会は町より高台にある。）

教会が街より一段高いところにあるという関係を表わしています。〈over〉と違って「真上」にある必要はありません。
また、高度の違いを明確に表わすために〈the level of〉という表現を加えることもできます。

The intravenous solution bag must be above **the level of** the patient's heart.
（点滴バッグは患者の心臓より高い位置にしなければならない。）

平面・立体表面の上部／下部を表わす

The coin slot is **above** the instruction card.
(硬貨投入口は説明書きの上にある。)

The name of the author is usually printed **below** the title of the book.
(通常、著者名は書名の下に印刷されている。)

The name of the company is printed **below** the logo.
(社名はロゴの下に印刷されている。)

上手／下手、上流／下流を表わす

Rouen is on the River Seine **below** Paris.
(ルーアンはセーヌ川に面しており、パリよりも下流にある。)

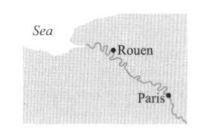

▶〈over / under〉と〈above / below〉を正しく使い分ける

最後に、似たような文章でニュアンスの違いを再確認してみましょう。

There is a photographic laboratory **above** the office and a fruit store **below** it.
(事務所の上には写真スタジオ、下には果物屋がある。)

The kitchen is situated **under** the bathroom to facilitate plumbing work.
(排水工事の都合上、台所は浴室の真下になる。)

階の上下は通常〈above〉と〈below〉で表わします。ただし「真上」「真下」であることを強調する場合には〈over〉と〈under〉を使います。

The plane is flying **above** the clouds.
(飛行機は雲より上を飛んでいる。)

The plane is flying **over** the clouds.
(飛行機は雲を飛び越えている。)

〈above〉と〈over〉では、飛行機の動きが違います。

The ski lodge is located **above** 3000 meters.
（スキーロッジは高度3,000mより上にある。）

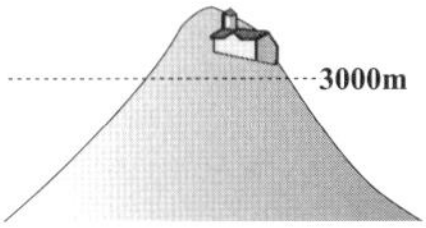

The tunnel is **over** 3,000 meters long.
（トンネルの長さは3,000mを超える。）

ここでは、〈above〉が高度を表わしているのに対し、〈over〉は数字の大きさを表わしています。

The submarine dived **below** the surface.
（潜水艦は水面下に潜った。）

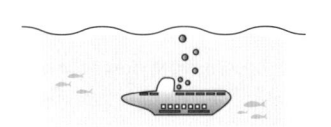

The submarine is **under** the water.
（潜水艦は水中に潜った。）

この場合はほとんど同じ意味になりますが、〈below the water〉は水面より下にある状態を、〈under the water〉は水中にある状態を表しています。

12 その他（位置合わせ・並列・角度など）

▶ **in line with**（線に沿って）
　to align（揃える・合わせる）

〈in line with〉は同じ直線上にある状態を表わします。
〈align〉という動詞は、一直線上に、または同じ方向に揃える（合わせる）動作を表わします。

The side of the panel must be **in line with** the edge of the upright pillar.
（パネルの側面を垂直な柱の角に合わせること。）

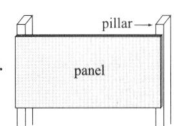

The front of the garage is **in line with** the front of the building.
（車庫の前面は建物前面のラインに合わせてある。）

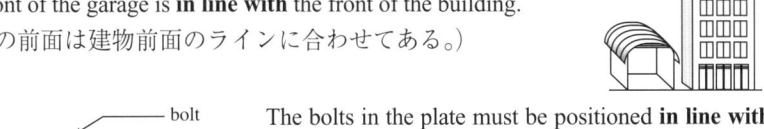

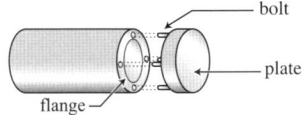

The bolts in the plate must be positioned **in line with** the holes in the flange.
（プレートのボルトは輪縁の穴に合わせます。）

115

Align the solar panel toward the south for maximum exposure to the sun.
（ソーラー・パネルは太陽ができるだけ当たるように、南向きに合わせます）

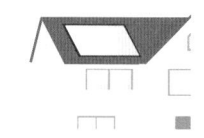

▶ **flush with**（水平に・ぴったり接触して）
面と面が1つになっている状態を表わします。

The weld has been ground down **flush with** the surface of the steel pipe.
（鉄パイプの繋ぎ目は研磨されて平らになっている。）

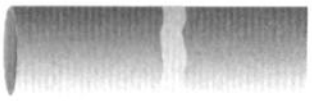

▶ **parallel to / parallel with**（並行して・平行に・添って）

The road runs **parallel to** (**parallel with**) the river for more than two kilometers.
（その道は川沿いに2km以上続いている。）

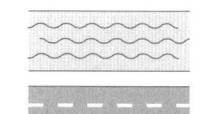

▶ **perpendicular to**（直角に）
面や線に対して90度の角度にある状態を表わします

The Leaning Tower of Pisa is not **perpendicular to** the ground.
（ピサの斜塔は地面に対して直角に立っていない〔傾いている〕。）

▶ **at an angle to**（一定の角度で）

The wings of the plane are set **at an angle to** the main body.
（飛行機の翼は、機体に対して一定の角度で設置されている。）

2　日本人が間違えやすい表現

1 位置と場所の表現を正しく使い分ける

位置や場所の表現は、ちょっとした違いで全く異なる意味になってしまうことがあります。ここでは、特に日本人が間違えやすい例をまとめてみました。

▶ **on top of** → 上面に置かれている状態

> The books are **on top of** the television.
> （何冊かの本がテレビの上に置いてある。）

> The books are piled **on top of** each other.
> （本が積み上げられている。）

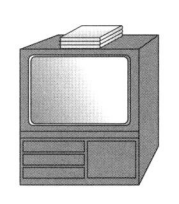

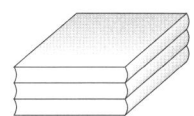

▶ **on/in/at the top of** → 上部に固定されている状態

> There are red lights **on the top of** police cars.
> （パトカーの上面には赤色灯が付いている。）

> There is a hole **in the top of** the box.
> （箱の上部に穴が開いている。）

> There is a flag **at the top of** the pole.
> （ポールのてっぺんに旗が付いている。）

▶ **in front of** → 対象から離れて、前方にある状態

> There is a tree **in front of** the hotel.
> （ホテルの正面に1本の木が立っている。）

> The cat is sitting **in front of** the car.

（猫が車の前方に座っている。）

▶ **in/on/at the front of** →対象の表に付いている、対象内部の前の方にある状態

There is an entrance **in the front of** the hotel.
（ホテルの表には、入り口がある。）
There is a sign **on the front of** the hotel.
（ホテルの表には看板が掛かっている。）
There are steps **at the front of** the hotel.
（ホテルの表には階段がある。）

The cat is sitting **in the front of** the car.
＝The cat is sitting in the front seat.
（猫は前の座席に座っている。）

▶ **behind (at the rear of)** →対象の背後、後方にある状態

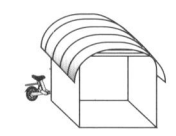

The motorbike is **behind** the garage.
（バイクは車庫の裏にある。）

▶ **at the back of** →対象内部の奥にある状態

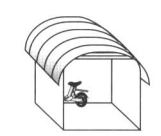

The motorbike is **at the back of** the garage.
（バイクは車庫の奥にある。）

▶ **beside (by)** →対象の近くにある状態

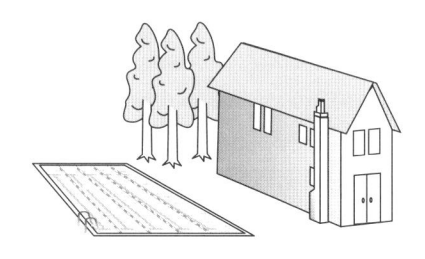

There is a swimming pool **beside** the house.
（家の横にスイミングプールがある。）
There is a swimming pool **by** the house.
（家のそばにスイミングプールがある。）

▶ **at/in/on the side of** →対象の側面に接している状態

There is a chimney **at the side of** the house.
（家の横〔側面〕に煙突がある。）

There is an entrance **in the side of** the house.
（家の横〔側面〕に入り口がある。）

▶**underneath** →対象の下にある状態

I found the money **underneath** the clock.
（置時計の下からお金を見つけた。）

A hook is hanging **underneath** the packing case.
（フックが荷箱の下に掛かっている。）

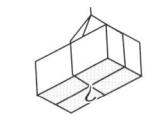

▶**on/in/to the underside of** →対象の底面に固定されている状態

The battery chamber is **in the underside of** the clock.
（電池ケースは、時計の底に付いている。）

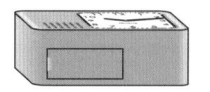

The manufacturers mark is usually **on the underside of** the ceramic ware.
（メーカー名は陶磁器の底に入っていることが多い。）

Wheels are fixed **to the underside of** the chair.
（椅子の下にキャスターが付いている。）

2 前置詞を正しく使い分ける

❶地形を表現する

地形を説明する際には、「点」「面」「領域」「空間」などの概念を上手に使い分ける必要があります。
ここでは、山の地形を例に代表的な表現をあげてみました。

The climbers planted a flag **at** the top of the mountain.
（登山者たちは山頂に旗を立てた。）→「点」の概念

A large lodge had been built **on** the top of the mountain.
（山の上に大きな山小屋が建っていた。）→「面」の概念

Trees have been planted **on** the mountain.
（その山は植林されている。）→「面」の概念

The Japanese serow lives **in** the mountains.
（日本カモシカはその山中に生息している。）→「領域」の概念

The hikers sheltered **in** a cave **in** the mountain.
（登山者達は山中の洞穴に避難した。）→「空間」の概念

The tunnel passes 20 kilometers **through** the mountain.
（トンネルは山を20kmに渡って貫通している。）→「空間」の概念

❷通り沿いの状況を説明する

通り沿いの状況説明も、日本人が間違えやすい表現です。前置詞の正確な使い方をマスターしてください。

The bank is **on** Aoyama Street.
（銀行は青山通りに面している。）→「線」の概念

They drove **along** Aoyama Street.
（彼らは青山通りを車で走った。）→「線」の概念

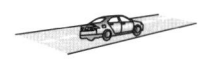

They are dancing **in** Aoyama Street.
（彼らは青山通りで踊っている。）→「領域」の概念

There is a car park **off** Aoyama Street.
（駐車場は青山通りから少し入った所にある。）→「線」の概念

There is a lot of ice **on** Aoyama Street.
（青山通りには氷が張っている。）→「面」の概念

They are digging a hole **in** Aoyama Street.
（彼らは青山通りに穴を掘っている。）→「空間」の概念

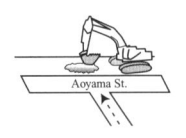

He walked **to** Aoyama Street.
（彼は青山通りに歩いていった。）→目的地（点）の概念

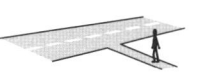

〈corner（角）〉は「点」「面」「領域」の各概念で表わすことができます。

The bakery is **on** the corner.
（パン屋は通りの角にある。）→「面」の概念

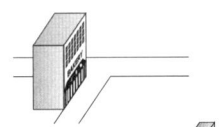

The mailbox is **at** the corner.
（ポストは通りの角にある。）→「点」の概念

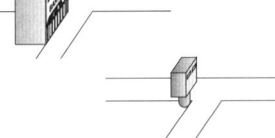

He walked **to** the corner.
（彼は通りの角に歩いていった。）→目的地（点）の概念

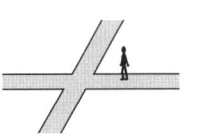

The pond is **in** the corner of the park.
（池は公園の角にある。）→「領域」の概念

5 位置・場所・方向性

●●● 3 ●●● 方向性と動き

1 方向性を表わす

ここでは、方向性を表わす様々な表現を説明します。
注：〈～wards〉は英国式、〈～ward〉は米国式のスペルです。

①**vertically / up / upward(s)**（上に〔垂直方向〕）
　The rocket took off **vertically**.
　（ロケットは垂直に発進した。）

②**downward(s) / down**（下に）
　There was a **downward** movement of prices.
　（物価が低下していた。）

③**to the right / sideways**（右に・横に）
　Pedestrians should move **to the right** of the footpath.
　（歩行者は歩道の右手に移動すること。）

④**to the left / sideways**（左に・横に）
　The contestants moved **to the left** of the stage.
　（出場者は舞台の左手に移動した。）

⑤**toward(s) / forward(s)**（～に向かって・前方へ）
　He ran **toward** the shelter.
　（彼はシェルターに向かって走った。）
　The car moved slowly **forward**.
　（車はゆっくりと前進した。）

⑥**away from / backward(s)**（～から離れて・後方へ）
　The robber ran **away from** the police.
　（泥棒は警官から逃げ出した。）

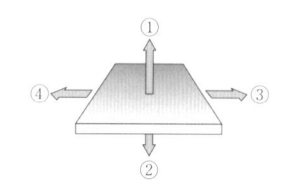

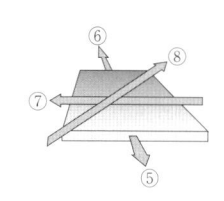

The car rolled **backward** down the hill.
(車は坂道でバックしてしまった。)

⑦**across / horizontally**（水平方向に横切って）

They traveled **across** Australia by train.
(彼らはオーストラリアを列車で横断した。)

The plane traveled **horizontally** for 700 meters before taking off.
(飛行機は水平方向に700m移動した後に離陸した。)

⑧**diagonally**（斜め〔対角線状〕に）

It is dangerous to walk **diagonally** across the street.
(通りを斜めに横切るのは危険だ。)

⑨**counterclockwise**（反時計回りに）

Turn the handle **counterclockwise** to open the door.
(ハンドルを反時計回りにまわして、ドアを開けてください。)

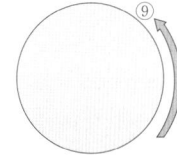

⑩**into**（～の中に）

The vehicle went **into** the tunnel.
(車はトンネルの中に入っていった。)

⑪**through**（～を経由して）

The liquid traveled **through** the pipe.
(その液体はパイプを流れた。)

⑫**out of**（～の外に）

The crowd poured **out of** the stadium.
(群集がスタジアムから外にどっと出てきた。)

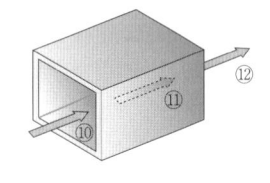

⑬**along**（～に沿って）

The traffic moved slowly **along** the expressway.
(高速道路は渋滞でノロノロ運転だった。)

⑭**up and down**（上下に）

An elevator moves **up and down**.

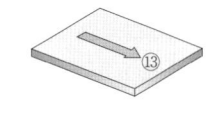

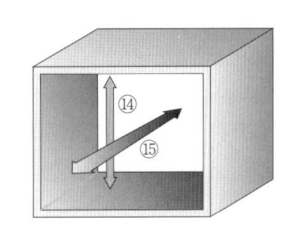

（エレベーターは上下に動く。）

⑮**backward(s) and forward(s)**（前後に行ったり来たり）
 back and forth（前後に行ったり来たり）
 from side to side（左右に行ったり来たり）
 The policeman walked **backwards and forwards** in front of the Diet building.
 （警官が国会議事堂の前を行ったり来たりしていた。）
 A pendulum swings **from side to side**.
 （振り子が左右に揺れる。）

⑯**in and out**（出たり入ったり）
 The piston moves **in and out** of the cylinder.
 （ピストンがシリンダに出たり入ったりする。）

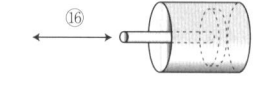

⑰**perpendicular**（垂直に）
 The pole is **perpendicular** to the ground.
 （ポールは地面に対して垂直に立っている。）

⑱**at an angle / incline**（〜の角度〔傾斜〕で）
 The ladder is **at an angle** of 65°.
 （梯子は65度の角度で掛かっている。）

⑲**upwind**（風に逆らって・逆風で）
 Planes normally land **upwind**.
 （航空機は通常、風上に向かって着陸する。）

⑳**downwind**（風と同じ向きに・追い風で）
 The plane is traveling **downwind**.
 （その飛行機は追い風で飛行している。）

㉑**spiral / spirally**（らせん状・らせん状に）
 The plane is moving in a **spiral** direction.
 （その飛行機はらせん状に上昇している。）

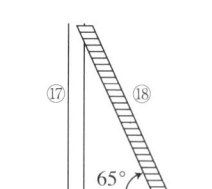

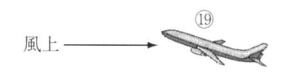

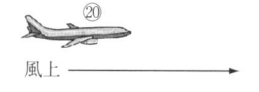

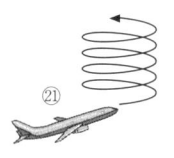

2 様々な動きを表現する

日常生活のなかで目にする様々な動きを正確に表現するのは、意外と難しいものです。イラストでイメージをつかんで、表現力を伸ばしましょう。

❶ものを動かす動作

▶**引く**

She **pulled out** a drawer.
（彼女は引き出しを開けた。）

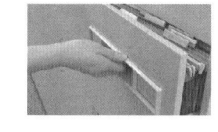

▶**押す**

She **pushed / pressed** the button.
（彼女はボタンを押した。）

▶**持ち上げる**

重いものを持ち上げる場合は〈lift〉、軽いものには〈raise〉を用います。

He **lifted** a heavy bag.
（彼は重いカバンを持ち上げた。）

He **raised** his glass to his lips.
（彼はグラスを口に持っていった。）

▶**降ろす**

He **lowered** the books.
（彼は本を下に降ろした。）

▶**回す**

Rotate the key **clockwise**.
（鍵を右〔時計回り〕に回してください。）

He **turned** the steering wheel **left**.
（彼は車のハンドルを左に切った。）

▶曲げる・伸ばす

Bend your knees.
（膝を曲げてください。）

Stretch your legs.
（膝を伸ばしてください。）

❷通過する動作
▶背後を通る

The mouse ran **behind** the television.
（ねずみはテレビの後ろを通っていった。）

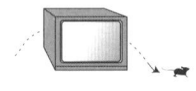

▶下をくぐる

He ran **under** the ladder.
（彼は梯子をくぐって走っていった。）

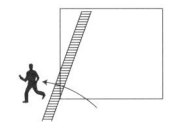

▶角を曲がる

The bus went **(a)round** the corner.
（バスは角を曲がった。）

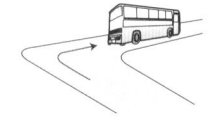

▶橋を渡る

We drove **over** the bridge.
（私たちは車で橋を渡った。）

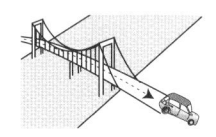

▶通り過ぎる

The bus went **past** the post office.
（バスは郵便局を通り過ぎた。）

▶出入り口を通る

The cow went **through** the gate.
（牛が門から外に出た。）

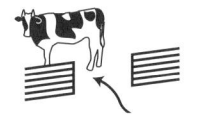

第 6 章
程度・比較

1. 程度……128
   1 相対的な程度を表わす……128
   2 絶対的な程度を表わす……130
   3 その他の便利な表現……132

2. 比較……133
   基本編) 単純に比較する……133
   1 比較級・最上級……133
   2 等しい状態 (A=B) を表わす……135
   3 等しくない状態 (A≠B) を表わす……136
   4 数の比較・量の比較……137
   5 〈greater / larger / higher〉の使い分け……138
   応用編) 具体的に比較する……139
   6 違いを数値で表わす……140
   7 違いの程度を表わす……141

1 程度

程度を表わす副詞・副詞句には、大きく分けて次の2つのタイプがあります。

①**相対的な程度を表わす**
②**絶対的な程度を表わす**

たとえば、〈young（若い）〉という語を例にして考えてみましょう。
辞書で〈young〉の意味を調べても「何歳から何歳まで」「何歳未満」などの具体的数値は出てきません。また「〈young〉は子供に対する形容であり、大人には使えない」という限定もありません。つまり、〈young〉という概念は非常に相対的なもので、100歳の人と比べれば80歳は「若い」、生後3カ月の乳児に比べれば2歳児も「若くない」と言えるわけです。
こうした相対的な概念については、〈reasonably young（そこそこ若い）〉や〈very young（かなり若い）〉といった副詞で「レベルの差」を表わすことができます。

一方で、〈true / false〉という語は絶対的な概念を表わします。正しいか正しくないか、いう2つの尺度しかありませんから、たとえば〈a true story〉と〈true love〉を比較しても、相対的な「真実度の差」などは存在しないわけです。
こうした絶対的な概念については、〈reasonably〉や〈very〉ではなく、〈totally（完全に）〉〈completely（完璧に）〉などの副詞を用います。

それでは、それぞれについて代表的な表現をみてみましょう。

■1 相対的な程度を表わす

●**形容詞を修飾する**
〈How〜?（どのくらい〜）〉という質問の答えとなる「かなり」「少し」などの副詞・副詞句がこれにあたります。

例として、次の質問に対する答えを考えてみましょう。

質問)
How expensive is the product?
(その製品は、どのくらい高価ですか。)
答え)
The product is **extremely** expensive.　　（その商品は極めて高価です。）
The product is **very** expensive.　　（その商品は非常に高価です。）
The product is **quite / rather** expensive.（その商品はかなり高価です。）
The product is **reasonably** expensive.　（その商品はそこそこ高価です。）
The product is **a little** expensive.　　（その商品は少々高価です。）
The product is **not very** expensive.　　（その商品はさほど高価ではありません。）

上記の副詞は、次のような形容詞を修飾することもできます。
　　high / low　　tall / small　　big / small　　well / sick

❷動詞を修飾する
〈**How much〜?**（どのくらい〜する〔した〕のか）〉という質問の答えとなる「大幅に」「わずかに」などの副詞・副詞句がこれにあたります。

例として、次の質問に対する答えを考えてみましょう。

質問)
How much has traffic noise increased?
(交通騒音は、どのくらい増加しているのですか？)
答え)
Traffic noise has increased **very much (a great deal)**.
(交通騒音は大幅に増加しています。)
Traffic noise has increased **considerably (substantially, significantly)**.
(交通騒音は相当増加しています。)
Traffic noise has increased **quite a lot**.　＊〈quite a lot〉はややくだけた表現
(交通騒音はかなり増加しています。)
Traffic noise has increased **a little (somewhat)**.
(交通騒音はいくらか増加しています。)
Traffic noise has increased **slightly (marginally)**.
(交通騒音はわずかに増加しています。)

今度は、好き嫌いの程度を表わす例をみてみましょう。

質問）
How much do you like sashimi?
（君は刺身がどのくらい好きですか？）
答え）
I like sashimi **very much (a lot, a great deal)**.（刺身は大好物です。）
I like sashimi **quite a lot**.　　　　　　（刺身は大好きです。）
I **quite** like sashimi.　　　　　　　　　（刺身は結構好きです。）
I do **not** like sashimi **very much**.　　　（刺身はあまり好きではありません。）
I do **not** like sashimi **at all**.　　　　　（刺身は苦手です。）

2 絶対的な程度を表わす

〈true / false〉〈impossible / possible〉〈agree / disagree〉など絶対的な概念には、正しいか正しくないか、可能か不可能か、賛成か反対かという2つの尺度しかありません。このような場合の「程度」を示す表現は、その概念の要件を満たしているか否かによって、次の2種類に分けられます。

❶要件を満たしている状態を表わす
▶**absolutely**（**絶対に**）→疑いの余地なく要件が満たされている状態
　The statement is **absolutely** false.
　（その発言は絶対に事実と違う。）
　It was **absolutely** impossible to drive in such snow.
　（このような雪のなかで車を運転するのは絶対に不可能だ。）

▶**totally**（**全く**）→〈absolutely〉とほぼ同義

▶**completely**（**完全に**）→要件が何の不備もなく満たされている状態
　The job has been **completely** finished.
　（その仕事はすっかり終わっている。）
　The business trip was **completely** successful.
　（その出張は完璧なまでに成功だった。）

130

▶**fully**（全面的に）→要件が細部にいたるまで満たされている状態
　The painting has been **fully** restored.
　（その絵は全面的に修復されている。）
　The president is kept **fully** informed about the economic situation.
　（大統領は常に、経済状態を全面的に把握している。）
　I do not think you **fully** understand the theory.
　（私には、君がこの理論をすべて理解しているとは思えない。）

▶**entirely**（完璧に／もっぱら）
　①要件が完璧に満たされていることを示す。＝ completely / fully
　　The statement is **entirely** wrong.
　　（その発言は絶対に事実と違う。）

　②他の要素が混じることなく満たされている状態＝ exclusively / solely
　　The breakdown in negotiations was their fault **entirely**.
　　（交渉決裂はすべて彼らの責任だ。）

❷要件をほぼ満たしている状態を表わす
▶**almost**（ほとんど・九分どおり）
▶**nearly**（ほとんど・九分どおり）
▶**virtually**（事実上）
▶**practically**（実質的に）

　The patient is **almost** (**nearly**) cured of the disease.
　（その患者はほぼ完治している。）
　The tree was **virtually** dead by the end of the drought.
　（干ばつがおさまるころには、その木はほとんど枯れている状態だった。）

Practicallyは「九分どおり」「事実上」いずれの意味でも使うことができます。
　He spoke **practically** the whole time.
　（彼は、ほとんどしゃべり通しだった。）

❸要件を部分的に満たしている状態を表わす
〈true（真実）〉などの絶対的概念でも、場合によっては「大半／一部は真実だ」といった相対的表現で程度を示すことがあります。

6

程度・比較

次の例では、〈understandable（理解できる）〉という概念について、様々な「理解できる度合い」を表わしています。

質問）
How understandable is the customer's attitude?
（その客の態度は、どの程度理解できますか？）
答え）
The customer's attitude is **perfectly (completely, totally, absolutely)** understandable.
（その客の態度は、全面的に理解できる。）
The customer's attitude is **quite** understandable.
（その客の態度は、かなり理解できる。）
The customer's attitude is **largely** understandable.
（その客の態度は、おおむね理解できる。）
The customer's attitude is **partly (to some extent)** understandable.
（その客の態度は、ある程度理解できる。）
The customer's attitude is **hardly** understandable.
（その客の態度は、ほとんど理解できない。）

3 その他の便利な表現

❶ well

〈well〉は、能力または知識を表わす動詞を修飾します。
次の例文で〈well〉を使った表現のニュアンスをつかみましょう。

質問）
How well do you know the Shinjuku area?
（新宿にはどのくらい詳しいですか？）
答え）
I know the Shinjuku area **extremely well**.
（私は、新宿を熟知しています。）
I know the Shinjuku area **very well**.
（私は、新宿をよく知っています。）
I know the Shinjuku area **quite (reasonably) well**.

（私は、新宿を結構知っています。）

❷ badly / hard / thoroughly

これらの副詞も、特定の動詞を修飾します。

▶ **badly**（大いに・どうしても）→〈need〉または〈want〉を修飾
 New measures are **badly** needed.（新たな対策がどうしても必要だ。）

▶ **hard**（熱心に・一生懸命）→〈work〉〈try〉などの動詞を修飾
 They work very **hard**.（彼らは一生懸命働く。）

▶ **thoroughly**（徹底的に）→〈enjoy〉〈clean〉〈disapprove〉などの動詞を修飾
 The room was **thoroughly** cleaned.（その部屋はすみずみまできれいになった。）

2　比較

基本編 ……単純に比較する

1 比較級・最上級

2つのものを比較する場合は、どちらのものを基準にするかによって、2通りの比較が可能です。

　A is **larger than** B.　（AはBより大きい。）
　B is **smaller than** A.　（BはAより小さい。）

3つ以上のものを比較級で表わす場合は、何通りもの比較が可能です。
　A is **larger than** B.　　　　（AはBより大きい。）
　A is **larger than** both B and C.（Aは、BならびにCより大きい。）

B is **smaller than** A. （BはAより小さい。）
B is **smaller than** A, but **larger than** C. （BはAより小さいが、Cより大きい。）

C is **smaller than** both A and B. （Cは、AならびにBより小さい。）

この場合、AとCについては、最上級で表現することも可能です。
A is **the largest**. （Aは最も大きい。）
C is **the smallest**. （Cは最も小さい。）

それでは、あらためて比較級と最上級のつくり方から整理してみましょう。

❶形容詞

形容詞の比較級・最上級は、以下の3通りに分類されます。

①語尾に、〈-er〉（比較級）や〈-est〉（最上級）をつける
②前に、〈more〉（比較級）や〈most〉（最上級）を加える
③原級が不規則変化する

①形容詞（原級）＋〈er / est〉
　ⓐ単音節、ならびに2音節の形容詞の一部には、原級の語尾に〈er / est〉を付けます。
　　　hard - hard**er** - hard**est**
　　　fast - fast**er** - fast**est**
　ⓑ〈y〉で終わる語の場合は、〈y〉を〈i〉に変えて〈er / est〉を付けます。
　　　happy - happ**ier** - happ**iest**
　　　easy - eas**ier** - eas**iest**
　ⓒ「短母音＋子音字」で終わる語は、子音字を重ねてから〈er / est〉を付けます。
　　　big - big**ger** - big**gest**
　　　thin - thin**ner** - thin**nest**

②〈more / most〉＋形容詞（原級）
　2音節以上の形容詞は、原則として、原級の前に〈more〉（比較級）や〈most〉（最上級）を加えます。
　　　serious - more serious - most serious
　　　useful - more useful - most useful

vital - more vital - most vital
effective - more effective - most effective

☞ここがポイント!!
2音節の形容詞の中には、〈noisier / more noisy〉のように、①②のどちらの用法をとるものもあります。①パターンで問題ないという確信がない限り、2音節の形容詞には〈more / most〉を付けるほうが無難です。
3音節以上の形容詞（不規則変化するものを除く）にはすべて〈more / most〉を付けます。

③原級が不規則変化する形容詞
good - better - best
bad - worse - worst
little - less - least
much - more - most
far - farther - farthest （距離）
far - further - furthest （程度）

❷副詞
副詞は、形容詞と同じパターンで比較級・最上級をつくります。

He works **harder** than anybody else.
（彼は誰よりも一生懸命働く。）

This machine runs **more quietly** than the old one.
（この機械は旧型よりも音が静かだ。）

He knows the way **better** than we do.
（彼は、私達よりも道に詳しい。）

2 等しい状態（A＝B）を表わす

複数のものが同等であることを表わす場合は、〈as ... as〉を用います。

Mr. Thompson is **as old as** my brother.
（トンプソン氏は、私の兄〔弟〕と同い年だ。）

The movie was **as good as** the novel.

（その映画は、小説と同様に良かった。）

This audience was **as receptive as** the previous ones.
（今回の聴衆の反応も、前回同様に好意的だった。）

The London tube system works **as efficiently as** the Tokyo underground.
（ロンドンの地下鉄も、東京の地下鉄と同様にうまく機能している。）

3 等しくない状態（A≠B）を表わす

等しくない状態を表わす場合には、次のような2つのパターンがあります。

①比較級を使う
　Osaka is **smaller** than Tokyo.（大阪府は東京都より小さい。）
②〈not as ... as〉や程度を表わす副詞〈less / least〉を使う
　Osaka is **not as** large **as** Tokyo.（大阪府は東京都ほど大きくない。）

　2つのパターンとも意味はほぼ同じですが、②には、大阪府と東京都が、「（面積の差はあるものの）どちらも大きい」というニュアンスが含まれます。

▶〈not as ... as〉ならびに〈less / least〉（程度を表わす副詞）の用法
形容詞を修飾する
　This detergent is **the least** effective of all the brands.
　（この洗剤は、全ブランドのなかで最も洗浄効果が小さい。）

〈least〉を使うことで、「どの洗剤も洗浄効果はある」という前提を示唆しています。

動詞を修飾する
　The express train does **not** travel **as** fast **as** the Shinkansen.
　（この急行列車は新幹線ほど速く走らない。）

「急行も新幹線も速い」というニュアンスを含んでいます。

4 数の比較・量の比較

数の比較か量の比較か、つまり、比較対象となる名詞が数えられるもの（可算）か数えられないもの（不可算）かによって、比較の表現は異なります。

比較表現を、可算・不可算で整理すると次のようになります。

	可算名詞（数）	不可算名詞（量）
①A＞B	more ... than	-er ... than
		more ... than
②A＜B	fewer ... than	less ... than
③A＝B	as many ... as	as much ... as
	the same number of ... as	the same amount of ... as
④最上級	the most	the most
	the fewest	the least
	the least number of	

例）
①A＞B
（可算） I have **more** pens **than** you have.
（私はあなたよりペンを多く持っている。）
（不可算） This firm has **shorter** experience **than** the previous one.
（この会社は、前の会社より歴史が浅い。）

②A＜B
（可算） The manager has **fewer** appointments **than** yesterday.
（マネージャーは、昨日よりも予定が詰まっていない。）
（不可算） There is **less** alcohol in "Lite" beer **than** normal beer.
（「ライト」ビールは、普通のビールよりアルコール分が少ない。）

③A＝B
（可算） There are **as many** girls in the class **as** boys.
（このクラスは女子と男子が半々だ。）

6 程度・比較

(不可算)　This carriage has **the same number of** passengers **as** the front one.
（この客車には、先頭車両と同じ人数が乗っている。）
There is **as much** furniture in this room **as** the other rooms.
（この部屋には、他の部屋と同じくらい家具が揃っている。）
He had **the same amount of** experience **as** I did.
（彼は、私と同程度に経験を積んでいた。）

④最上級

(可算)　You have made **the most** errors.
（君が一番失敗が多かった。）
My section has **the fewest** secretaries in the whole company.
（うちの部署は、秘書の人数が社内で最も少ない。）
The team that makes **the least number of** errors will win.
（エラー数が最も少ないチームが優勝するだろう。）

(不可算)　Of the four brothers, he has **the most** money.
（4人兄弟のなかで、彼が一番金を持っている。）
Channel X has **the least** news of all the television channels.
（Xチャンネルは、全テレビ局の中でもニュース番組が最も少ない。）

5 〈greater / larger / higher〉の使い分け

❶greater （⇔less〔er〕）

一般的に、ものの性質（硬度・密度・飽和度など）や、抽象概念（経験・動作・重要性・入出力など）等、数えられないもの（名詞）について用います。つまり数値化しにくい性質や概念について、その程度を表わすのが〈greater〉です。

　greater amplitude（振幅）
　greater flexibility（柔軟性）
　greater importance（重要性）

〈greater〉は、定量化できる性質（量・重さなど）を表わす名詞に付くこともあります。ただしその場合は、対象をひとつの概念としてとらえています。

　greater weight（重量）
　greater volume（体積）

greater capacity（容量）
　　greater depth（深さ）

❷larger（⇔smaller）
〈larger〉は、定量化できる性質（数量・サイズ・規模など）と相性がよく、程度よりも量を比較する場合によく用いられます。もの自体に〈larger〉を付けると、その大きさ・重さなどを表わします。
　　a **larger** output（＝数量・規模が大きい）
　　a **larger** house（＝大きい・広い）
　　a **larger** total（＝数量が大きい）
　　a **larger** car（＝エンジンの排気量が大きい・乗車定員数が多い）

❸higher（⇔lower）
〈higher / lower〉は、目盛りや等級の上下で表わされるような、数量・数値・度数などに用います。特に、基準・水準に関しては〈higher / lower〉が最適です。
　　a **higher** temperature（温度）　　注：〈heat〉には〈greater〉を用います。
　　a **higher** rate of exchange（為替相場）
　　higher intelligence（知能・知性）
　　higher salary（給料）
　　higher pH（ペーハー）

「物質の性質」には通常〈greater〉を付けますが、分析調査による「測定値」のニュアンスを強調する場合には、〈higher/lower level of〉という表現を用いることがあります。

| **greater** corrosion | a **higher level of** corrosion（ひどい腐食） |
| **greater** contamination | a **higher level of** contamination（ひどい汚染） |

応用編 ……具体的に比較する

単純比較では、「どのように違うか」という相対的な関係のみを表わしますが、「どのくらい違うか」までは明示しません。ここでは、違いを具体的に表現する方法について説明します。

Jack is **older** than his wife.
（ジャックは彼の妻より年上だ。）

これでは、ジャックと妻の年齢がどのくらい離れているのかまではわかりません。より具体的に表現するためには、次のような2つのやり方があります。

①違いを数値で表わす
　　Jack is *twenty-five years* **older than** his wife.
　　（ジャックは彼の妻より25歳年上だ。）
　　Jack is *twice* **as old as** his wife.
　　（ジャックの年齢は妻の年齢の2倍だ。）

②違いを感覚的に表わす
　　Jack is *considerably* **older than** his wife.
　　（ジャックは彼の妻よりかなり年上だ。）

それでは、この2つのやり方について詳しくみていきましょう。

6 違いを数値で表わす

違いを数字で表わすには、次の4つのパターンがあります。

❶「数量単位」で表わす

Japanese people work **four hours longer than** Americans per week.
（日本人は、アメリカ人より週4時間長く働いている。）
Our company sold **1,000 more** kilos of tea this month than last month.
（今月、当社では先月より1,000キロ多くの紅茶を売上げた。）
Forty fewer orders were received for the CP model.
（CPモデルの受注は40件減少した。）

❷「分数」で表わす

The stock has lost almost **half** its value.
（在庫品の価値は半減した。）

A Motors produced **two-thirds** the number of cars B Corporation did.
（Aモータースの生産台数はB社の3分の2だった。）

Private railways in Tokyo carry **one-third as many** passengers **as** JR.
（都内の私鉄乗客数は、JR乗客数の3分の1だ。）

❸「比率」で違いを表わす

Profits were **50%** higher than last year.
Profits showed a **50%** increase over last year.
（去年よりも収益が50％増加した。）

The amount of oil produced was **150%** that of coal.
（石油生産量は石炭生産量の150％に上った。）

❹「倍数」で違いを表わす

可算名詞の場合

Twice as many people attended the morning session **as** attended the afternoon session.
（午前中の会合に出席した人は、午後の出席者の2倍もいた。）

Steve has **three times as many** classes **as** Yukio.
（スティーブはユキオの3倍も授業を取っている。）

不可算名詞の場合

You have **twice as much** furniture **as** I do.
（あなたは、私の倍も家具を持っている。）

The yellow container holds **three times** the amount of water that the blue one does.
（黄色い容器には青い容器の3倍の水が入っている。）

7 違いの程度を表わす

違いの程度を「かなり」「少しだけ」などと感覚的に表わす方法もあります。

A is	much（ずっと） considerably（かなり） slightly（少々） a little（少々）	larger（大きい） smaller（小さい）	than B.

数量の違いを比較する場合は、可算名詞と不可算名詞とで程度の表現が異なりますので、注意しましょう。
＊比較級を〈quite〉で修飾することはできません。

可算名詞の場合
例）A銀行とB銀行の支店数の比較

A bank has	many（ずっと） far（はるかに） considerably（かなり） several（いくつか：4〜7） a few（いくつか：2〜3）	more（多い）	branches than B bank.
	far（はるかに） slightly（ほんのわずか）	fewer（少ない）	

不可算名詞の場合
例）マンションの広さ比較

Your apartment has	much（ずっと） far（はるかに） considerably（かなり） rather（幾分） a little（少々） slightly（ほんのわずか）	more（広い） less（狭い）	space than ours.

☞ここがポイント!!

副詞〈almost〉を比較表現に用いることもあります。
　　John is **almost** as old as Yukio.
　　（ジョンはユキオとほぼおなじ年齢だ。）

この文は、次のような2つのニュアンスを含んでいます。
→ユキオは年配の部類に入る（若くない）。
→ユキオはジョンよりほんの少しだけ年長である。

第 7 章
頻度・確率

1. **頻度……146**
   1. 頻度のニュアンスを表わす……146
   2. 頻度を具体的な数値で表わす……147

2. **確率のニュアンスを表わす……150**

1 頻度

1 頻度のニュアンスを表わす

頻度を表わす表現は、頻度がどのくらい高いか（低いか）にあわせて上手に使い分ける必要があります。

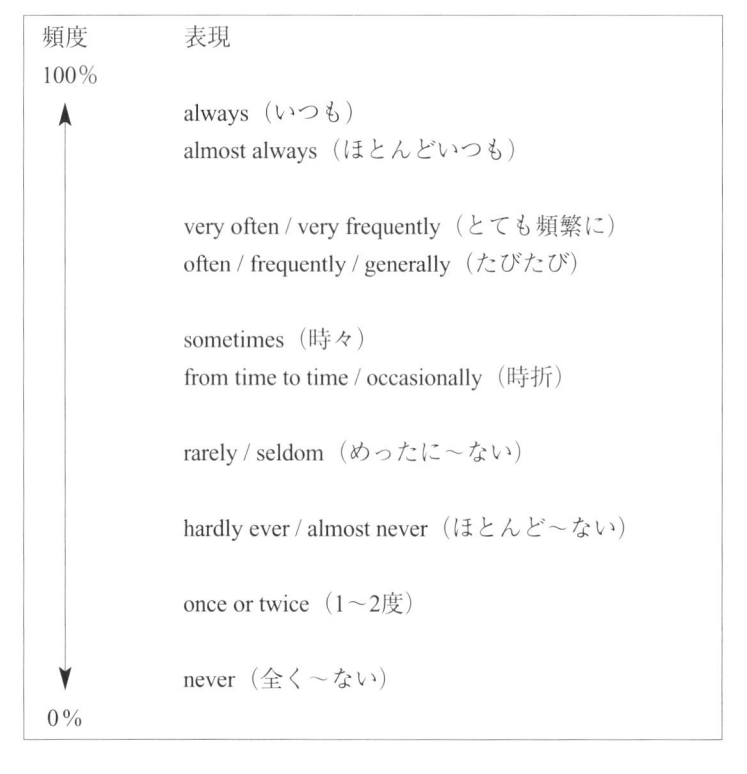

頻度	表現
100% ↑	always（いつも） almost always（ほとんどいつも） very often / very frequently（とても頻繁に） often / frequently / generally（たびたび） sometimes（時々） from time to time / occasionally（時折） rarely / seldom（めったに～ない） hardly ever / almost never（ほとんど～ない） once or twice（1～2度） never（全く～ない）
0% ↓	

こうした副詞を用いる場合は、文中での位置にも注意する必要があります。

▶**通常は、本動詞の前に置く**
　I **often** go to the park on Sundays.（日曜日にはよく公園に行く。）

▶**Be動詞がある場合は、その後に置く**

　I am **usually** tired after work.（私は、仕事の後はいつも疲れている。）

▶**助動詞がある場合は、本動詞と助動詞の間に置く**

　The Government has **often** ignored its promises.
　（政府は公約を無視することが多い。）

注：上記の表にはありませんが、習慣的な行動（起床など）や状態（疲労など）
　　については、〈usually〉を用いることもできます。
　I **usually** get up at 7 a.m.（私はふつう7時に起床する。）

2 頻度を具体的な数値で表わす

頻度を具体的な数値で表わすには、次のような3つの方法があります。
① ～times（～回）
② every（～毎・～おき）
③ その他便利な表現（daily / biweekly / semiannually など）

❶ ～times（～回）

once（1度）		an hour（1時間に）
twice（2度）		a day（1日に）
three times（3度）	+	a week（週に）
a few times（数度：2～3度）		a month（月に）
several times（数度：4～7度）		a year（1年に）
many times（何度も）		

▶回数の前に〈about〉や〈approximately〉を付けることもできます。
　approximately ten times a year（年に10回前後）

▶回数表現は文末に持ってきます。
　I go to see a movie **once a month**.
　（私は月に1回映画を観に行きます。）
　You must take this medicine **three times a day**.
　（この薬は1日3回服用してください。）

ここがポイント!!

〈an hour〉〈a day〉〈a week〉〈a month〉〈a year〉などの前に、〈in〉を付けてはいけません。

❷ every（〜毎・〜おき）

every +		
	minute	毎分
	five minutes	5分毎に
	hour	毎時
	two hours	2時間毎に
	day	毎日
	few days	2〜3日毎に
	day except Sunday	日曜を除いて毎日
	week	毎週
	three weeks	3週間毎に
	month	毎月
	other month	隔月で
	month except July and August	7月と8月を除いて毎月
	year	毎年
	ten years	10年毎に

▶「〜おきに」「隔〜」という意味を表わすには、次の3通りの表現があります。
　I go to the office　**every two days**.
　　　　　　　　　　every other day.
　　　　　　　　　　on alternate days.
（私は、1日おきに会社に行く。）

▶〈every〉の前に〈nearly / almost（ほぼ）〉を付けることもできます。
　There is a meeting **almost** every week.（ほぼ毎週ミーティングがある。）

❸その他便利な表現

hourly（毎時・1時間に1度）
daily（毎日）
weekly（毎週）　－　biweekly（隔週）　－　semiweekly（週2回）
　　　　　　　　　　（fortnightly）
monthly（毎月）　－　bimonthly（隔月）　－　semimonthly（月2回）
yearly（毎年）　　－　biennially（隔年）　－　semiannually（年2回）
（annually）　　　　　　　　　　　　　　　　　（biannually）

The Koshien High School Baseball Tournament is a **semiannual** event.
（甲子園高校野球大会は、年2回〔半年に1回〕の催しである。）
We publish a **biweekly** e-mail newsletter.
（当社ではメールマガジンを隔週で発行している。）

▶〈on the hour〉と〈hourly〉の違い

on the hour（〔毎〕正時に）
「～時きっかりに」という意味です。「8時半ちょうど」「1時15分ちょうど」などの場合には使えません。

　The watch automatically gives an alarm signal **on the hour**.
　（その時計は、毎正時になると自動で警告音を出す。）

hourly（毎時間、1時間毎に）
「1時間に1度」という意味で、必ずしも正時とは限りません。

　The nurse checked the condition of the patient **hourly**.
　（看護師は、患者の容態を1時間に1度確認した。）

2 確率のニュアンスを表わす

日本語で確率を表現する場合は「成功する確率は50%だ」などと具体的なパーセンテージをよく用います。しかし英語の場合は、根拠が明確なケースを除き、具体的なパーセンテージよりも、確率のニュアンスを表わす表現を用いることのほうが一般的です。

確率のニュアンスを表わす形容詞・副詞・助動詞には、確実性の度合いによって、次のようなバリエーションがあります。

形容詞・副詞	助動詞
100 %	
obviously（明らかに） certainly（確かに） undoubtedly（疑いなく） absolutely（完全に）	will must
	should ought to
probably（多分） likely（ありそうだ） presumably（察するに）	
possibly（もしかすると） perhaps（ことによると） maybe（かもしれない）	can / may
50 %	
	could / might （〈could / might〉は〈can / may〉より可能性が若干低い）
unlikely（ありそうもない） improbable（ありそうもない）	
extremely unlikely（ほとんどあり得ない） highly improbable（ほとんどあり得ない）	
	will not cannot could not
0 %	

Prices of raw materials will **undoubtedly** rise further in the future.
（原料の価格は必ず上がるだろう。）

We **should** be able to clear our stock by the end of August.
（8月末までには在庫を一掃できるはずだ。）

Receipt of your order is **probably** being delayed by the mail.
（郵便の場合、お届けまでに時間がかかることが予想されます。）

The quality of the actual product **may** not be up to that of the sample.
（実物の品質が見本以下のこともある。）

Your product is **unlikely** to be successful in our market.
（貴社の商品がこの市場で成功する見込みはあまりない。）

We **cannot** offer special discounts for orders under $2,000 net.
（定価2,000ドル未満のご注文の場合、特別割引はできかねます。）

7 頻度・確率

第 8 章
傾向・変化・変動

1. 傾向……154

2. 変化……155
   1 変化のスピードを表わす……155
   2 変化の程度を表わす……156
   3 変化を具体的な数値で表わす……158

3. 変動……160

1　傾向

傾向を表わす表現には次のようなものがあります。

▶上昇・増加している場合
　Sales are ...（売上が）
　　　　rising.（上昇している。）
　　　　increasing.（増加している。）
　　　　expanding.（拡大している。）

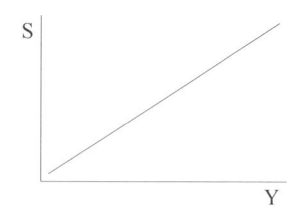

▶下降・減少している場合
　Sales are ...（売上が）
　　　　falling.（下落している。）
　　　　decreasing.（減少している。）
　　　　contracting.（縮小している。）
　　　　declining.（下降している。）
　　　　diminishing.（減少している。）
　　　　dropping.（下落している。）

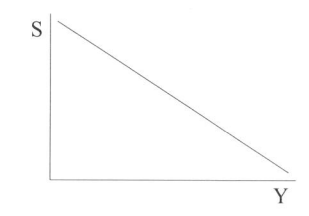

▶停滞（横ばい）・安定している場合
　Sales remain ...（売上は依然として）
　　　　the same.（変わらない。）
　　　　unchanged.（変わらない。）
　　　　constant.（一定である。）
　　　　steady.（安定している。）
　　　　stable.（安定している。）

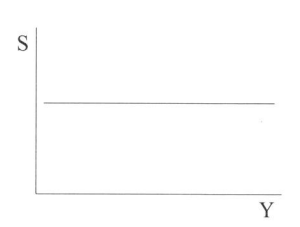

現実的には、上記のように同じ変化を続ける場合は多くありません。多少の変動があっても一定の傾向がある場合には、次のような表現も可能です。

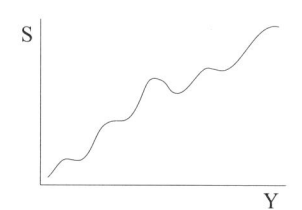

▶上昇傾向にある場合
　Sales have tended to increase.

There has been a tendency for sales to increase.
（売上は増加傾向〔上昇基調〕にある。）

一時的な落ち込みはあるが、平均すれば上昇基調であることを表わします。

▶下降傾向にある場合
Sales have tended to fall.
There has been a tendency for sales to fall.
（売上は減少傾向〔減少基調〕にある。）

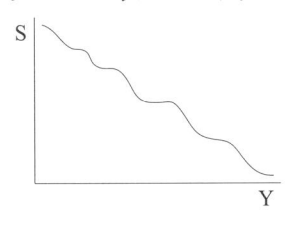

▶安定化傾向にある場合
Sales show an overall trend toward stabilization.
（売上は全体として安定化傾向〔基調〕にある。）

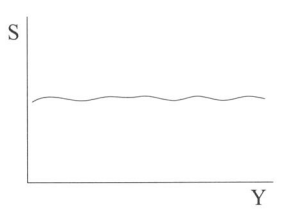

●●● 2 ●●●　変化

❶ 変化のスピードを表わす

ここでは、「急落する」「徐々に上がる」など、変化のスピードを表わす表現を紹介します。下の線グラフで各表現のニュアンスをつかんでください。

Sales rose **rapidly**.
　　　　　sharply.
　　　　　steeply.
（売上が急増した。）

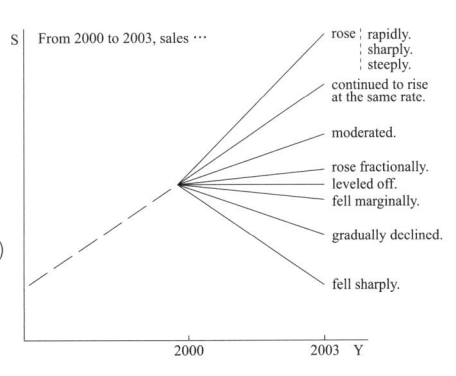

Sales continued to rise **at the same rate**.
（売上は一定のペースで上昇を続けた。）

Sales rose **slowly**.
　　　　　gradually.

From 2000 to 2003, sales …
- rose rapidly.
- sharply.
- steeply.
- continued to rise at the same rate.
- moderated.
- rose fractionally.
- leveled off.
- fell marginally.
- gradually declined.
- fell sharply.

155

（売上はゆっくりと〔ゆるやかに〕上昇した。）

Sales **leveled off**.（売上は横ばいだった。）

Sales **gradually** declined.（売上は徐々に減少した。）

Sales fell **sharply**.（売上は急落した。）

☞ここがポイント!!

〈shoot up（急上昇する）〉、〈plummet（急落する）〉という表現もありますが、あらたまった文章には使えません。〈rise rapidly〉や〈fall sharply〉を使いましょう。

2 変化の程度を表わす

ここでは、「大幅に減少する」「わずかに上がる」など、変化の程度を表わす表現について説明します。

❶ 大きな変化を表わす

▶ **large / huge / very substantially**（大幅な・大幅に）

Sales rose **by a large (huge) amount** over the decade.
Sales rose **very substantially** over the decade.
（売上はここ10年で大幅に増加した。）

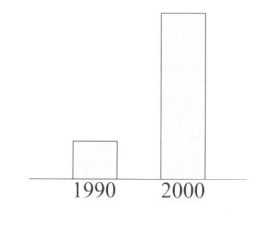

▶ **noticeable (noticeably) / substantial(ly)**（相当・かなり）

By 2000, sales had fallen **substantially (noticeably)**.
（2000年までに、売上は相当落ち込んだ。）
The decline in sales during the 1990s was **substantial**.
（1990年代における売上の落ち込みはかなりのものだった。）

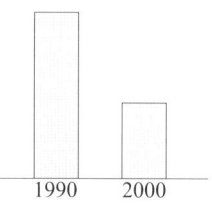

☞ここがポイント!!

〈substantially〉の代わりに、〈considerably〉を用いることも可能ですが、その場合、変化の「量」より「程度」に重きを置く感じになります。

▶**significant(ly)**（めざましい／めざましく）
　はっきりと違いがわかるくらい、量が変化したことを表わします。ニュアンスは〈substantial〉とほぼ同じです。

❷ゆるやかな変化を表わす
▶**moderate(ly)**（ゆるやかに・ほどほどに）
　Sales rose **moderately** between 1990 and 2000.
　There was a **moderate** increase in sales in the decade from 1990.
　（1990年～2000年の間に、売上はゆるやかに増加した。）

❸小さな変化を表わす
▶**small / a little**（少し）
　There was a **small** rise in sales in the ten-year period up to 2000.
　Sales rose by a **small** amount from 1990 to 2000.
　（1990年～2000年の間に、売上は少し増加した。）
　Sales had risen **a little** by 2000.
　（売上は2000年までに少し増加した。）

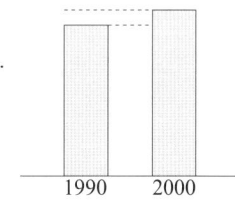

▶**slight(ly) / marginally / fractionally**（ほんの少し・わずかに）
　There was a **slight** drop in sales in the decade from 1990.
　The decline in sales was **slight** between 1990 and 2000.
　（1990年～2000年の間に、売上はわずかに減少した。）
　Sales dropped **marginally**.
　Sales fell **fractionally**.
　（売上はほんのわずかに減少した。）

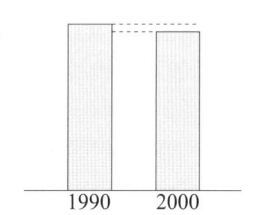

☞ここがポイント!!
　〈marginally〉〈fractionally〉は、〈slightly〉とほぼ同義ですが、「ごく微小な変化で、実質的には変わらないに等しい」というニュアンスを持ちます。

❸ 変化を具体的な数値で表わす

増減を表わすには、主に次の3つの方法があります。
①前置詞〈by〉を用いて、変化前と変化後の差（増減分）を表わす
②前置詞〈to〉を用いて、変化後の到達値を表わす
③その他：それ自体が変化を表わす形容詞・副詞・動詞などを用いる

これらの方法を用いて、同じ状況を3通りに表現することができます。
　① Sales increased by 100 million yen.
　　（売上は1億円増加した。）
　② Sales increased to 200 million yen.
　　（売上は増加して2億円になった。）
　③ Sales doubled.
　　（売上は2倍になった。）

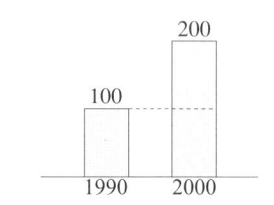

それでは、この基本を踏まえて、表現のバリエーションを見ていきましょう。

❶倍数で表わす
▶2倍：double（2倍になる）、twofold（2倍の〔に〕）、doubling（倍化）
　Sales **doubled** between 1990 and 2000.
　Sales increased **twofold** during the 1990s.
　There was a **twofold** increase in sales between 1990 and 2000.
　There was a **doubling** of sales between 1990 and 2000.
　（売上は1990年〜2000年の間で2倍になった。）

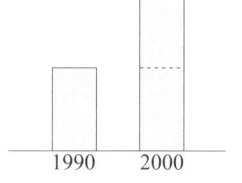

▶3倍：triple（3倍になる）、threefold（3倍の〔に〕）
▶4倍：quadruple（4倍になる）、fourfold（4倍の〔に〕）
▶4倍以上の倍数：数字＋〈-ple / -fold〉
　例：6倍＝ sextuple / sixfold、10倍＝ decuple / tenfold など）
　　5倍：Sales rose fivefold between 1990 and 2000.
　　　　（売上は1990年〜2000年の間で5倍に増えた。）

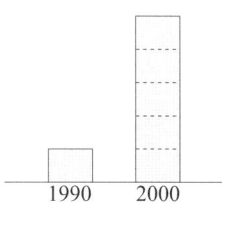

通常は「〜倍」というと〈-fold〉よりも〈-times〉が頭に浮かびますが、〈Sales

rose five times〉とするのはあまりお勧めできません。「5回」増えたのか、「5倍に」増えたのかが曖昧だからです。

❷分数で表わす

Over the 1990-2000 period, sales declined **by a half** of the 1990 level.
（1990〜2000年の間に、売上は2分の1減少した。）

By 2000, sales dropped **to half** of the 1990 level.
（2000年までに、売上は1990年の半分になった。）

＊「2分の1」は、〈a half / one half〉としても、単に〈half〉としても構いません。

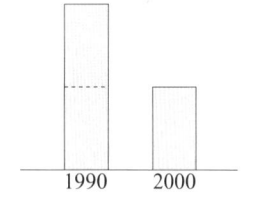

Sales declined by 2000 **to a fifth (one fifth)** of the 1990 level.
（売上は2000年までに、1990年の5分の1に減少した。）

Sales declined **by four fifths**.
（売上は5分の4減少した。）

❸パーセンテージ（％）で表わす

The price dropped **by 75%** between 1990 and 2000.
There was **a 75%** fall in price between 1990 and 2000.
（1990〜2000年の間に、価格は75％下落した。）

The price declined **to 25%** of that in 1990.
（価格は1990年当時の25％に下落した。）

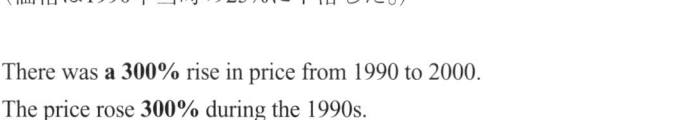

There was **a 300%** rise in price from 1990 to 2000.
The price rose **300%** during the 1990s.
（価格は1990年〜2000年の間に300％上昇した。）
＝The price **quadrupled**.
（価格は4倍になった。）

There was **a 30%** rise in price.
The price rose **30%** in (over) the 1990-2000 period.
（1990年〜2000年の間に、価格は30％上昇した。）
＊パーセンテージの場合は〈by〉を省略することもできます。

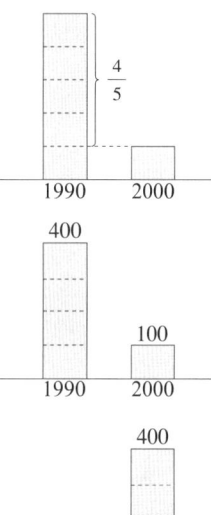

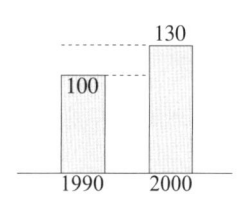

❹実際の数字で表わす

Sales declined **from 300 to 100 million yen** between 1990 and 2000.
（1990年～2000年の間に売上は3億円から1億円に減少した。）

Over the decade 1990-2000, sales fell **to 100 million yen**.
（1990年～2000年の間に、売上は1億円に減少した。）

Over the decade 1990-2000, sales fell **by 200 million yen**.
（1990年～2000年の間に、売上は2億円減少した。）

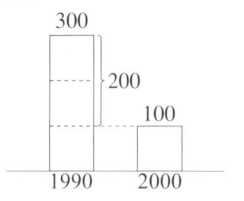

●●3●● 変動

ここでは実際のグラフをもとに、様々な変動を表わす便利な表現を紹介します。

▶乱高下している状態を表わす

Sales are fluctuating.
Sales are going up and down.
（売上は乱高下している。）

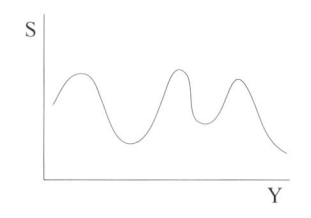

▶様々な推移を表わす

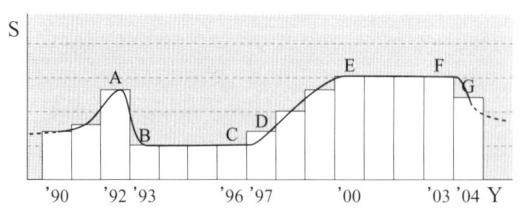

A：Sales initially **peaked in** 1992.
（1992年に、売上が最高潮に達した。）

　　B：Sales **touched bottom** in 1993.
（1993年に、売上が底を打った。）

B→C：Sales **bottomed out** between 1993 and 1996.
（1993年から1996年の間、売上は底ばいを続けた。）

160

D：Sales **recovered** after 1996. (=from 1997)
（1997年以降、売上が回復に転じた。）　※p.82参照
　　　E：Sales **hit a new peak** in 2000.
（2000年に、売上が過去最高に達した。）
　　E→F：Sales **leveled off** from 2000 to 2003.
（2000年から2003年まで、売上は横ばいとなった〔安定した〕。）
　　　G：Sales **declined** after 2003. (=from 2004)
（2004年以降、売上は減少した。）

こうした変動を文章にまとめると、次のようになります。
　After initially **peaking** in 1992, sales **dropped steeply** in 1993 and **remained at a low level** through 1996. They **increased considerably** in and after 1997, **reaching a new peak** in 2000. The years from 2000 through 2003 saw a **leveling off** period before sales began to **decline** again in 2004.
（売上は1992年に最高潮に達したが、1993年に激減し、その後も低迷を続けた。1997年以降、売上はめざましく回復し、2000年に過去最高を記録した。しばらくはそのまま安定していたが、2004年になると再び売上が下向きに転じた。）

8　傾向・変化・変動

第 9 章
割合・比率

1. **全体に占める割合を表わす（proportion）** ……164
   - **1** 割合を明確な数値で表わす……164
   - **2** 〈proportion〉を使った表現……165
   - **3** 割合を感覚的に表わす……166

2. **比を表わす（ratio）** ……168

3. **単位あたりの数量を表わす（rate）** ……169

4. **倍数を表わす** ……170

英語で割合や比率を表わす場合には、主に次のような3つのとらえ方があります。
① proportion：全体に占める割合を表わす
   「AはBの20%に相当する」といった表現がこれにあたります。
② ratio：数値間の比を表わす
   「AとBの比は1:5である」といった表現がこれにあたります。
③ rate：基準値あたりの数量を表わす
   いわゆる「レート」のことで、基準単位あたりの数量（速度・時給・為替レートなど）を指します。

ここでは、上記3パターンの表現方法、ならびに倍数を表わす表現について説明します。

●●1●● 全体に占める割合を表わす(proportion)

1 割合を明確な数値で表わす

全体に占める割合は、数量・分数・パーセンテージなどで表わすことができます。
ここでは、数と量について代表的な表現例を紹介します。

数の割合――
生徒数50人のクラスが、男子10人・女子40人で構成されている場合

▶**数値で表わす**

　Ten of the fifty students in the class are male.
　（そのクラスでは50人のうち10人が男子生徒だ。）

▶**分数で表わす**

　One-fifth of the students in the class are male.
　（クラスの5分の1が男子生徒だ。）
　Four-fifths of the students in the class are female.
　（クラスの5分の4が女子生徒だ。）
　The number of male students is **a quarter that of** female students.
　（男子生徒の数は、女子生徒の数の4分の1だ。）

▶**パーセンテージで表わす**

　Twenty percent of the students in the class are male.
　（生徒の20%が男子だ。）
　Male students **account for 20%** of the class.
　（男子生徒はクラスの20%を占める。）

量の割合――
例）**50gの真鍮板が、亜鉛10g・銅40gで構成されている場合**

▶**数値で表わす**

　The brass plate weighs 50 grams, **10 grams of which** is zinc.

（真鍮板50gのうち10gは亜鉛である。）
▶ **分数で表わす**

One-fifth of the brass plate is zinc.
（この真鍮板の5分の1は亜鉛である。）

Four-fifths of the brass plate is copper.
（この真鍮板の5分の4は銅である。）

The amount of zinc in the brass plate is **a quarter that of** copper.
（この真鍮板における亜鉛の量は銅の量の4分の1である。）

▶ **パーセンテージで表わす**

Twenty percent of the brass plate is zinc.
（この真鍮板の20%は亜鉛でできている。）

Zinc **accounts for 20%** of the brass plate.
（亜鉛はこの真鍮板の20%を占める。）

2 proportionを使った表現

❶ proportion 単独の用法
▶ **The proportion of A (in B)**：（Bに占める）Aの割合

The proportion of male students in the class is 20 percent.
（クラス全体で男子生徒が占める割合は20%だ。）

The proportion of zinc in the brass alloy is 20 percent.
（この真鍮合金全体で亜鉛が占める割合は20%である。）

The proportion of men who retire at 55 is declining.
（55歳で退職する人の割合は減少している。）

▶ **a higher proportion of**（より高い割合で）
▶ **a lower proportion of**（より低い割合で）

There is a **higher proportion of** men in the class than there was last year.
（クラスにおける男子生徒の割合は昨年よりも高くなっている。）

Beer has **a lower proportion of** alcohol content than wine.
（ビールはワインよりもアルコール含有率が低い。）

❷ in proportion to の用法

▶ **大きさや重さなどを期待値と比較する**

Sales were low **in proportion to** the company's advertising expenditures.
(その企業では、広告費を掛けた割には売上が伸びなかった。)

▶ **変動する数量間の比例関係を表わす**

The temperature rose **in proportion to** the rate of oxygen supply.
(温度は酸素供給率に比例して上昇した。)
(＝A 20% rise is oxygen supply was accompanied by a 20% rise in temperature.)

▶ **「比が等しい」関係を表わす（数学的な概念）**

The ratio of A to B is **in proportion to** that of C to D.
(A:Bの比は、C:Dの比と等しい。つまりA:B＝C:D)

3 割合を感覚的に表わす

特定の数値の場合……〈all of the ...〉〈some of the ...〉などの表現を用います。
一般論の場合……〈all of the ...〉〈some of the ...〉ではなく、単に〈all ...〉〈some ...〉とします。

❶ すべて・全部

all →数・量
every →数のみ

All of the three were out of the office.
(3人が3人とも事務所にいなかった。)

All drugs must be extensively tested before they can be put on the market.
(すべての薬は、市販する前に広範な試験を行わなければならない。)

Every person is born with unique features determined by their own set of chromosomes.
(人は皆、染色体によって決められた独自の特徴を持って生まれてくる。)

❷ ほとんど・大部分

most →数・量

Most of the customers we are dealing with are in Asia.

（我が社の取引先のほとんどはアジアを拠点としている。）
Most people need at least seven hours of sleep a day.
（たいていの人は、1日に7時間以上の睡眠が必要だ。）
Most cheese is made by processing milk from cows.
（チーズの大部分は牛乳を加工してつくられる。）

❸いくらか・一部

some　→数・量

Some of you may know him.
（皆さんの中には、彼をご存知のかたもいらっしゃるかもしれません。）
Some Japanese are self-employed, but most work in companies or government organizations.
（日本人のなかには自営業を営むものもいるが、大部分は企業や政府機関に勤めている。）
Some work cannot be performed by a machine.
（機械ではできない仕事もある。）

❹ほんの一部・ほとんどない

(very)few　→数
(very)little　→量
hardly any　→数・量

I know **little of** the details of the problem.
（私は、その問題についてはほとんど知らない。）
They share **few** common characteristics.
（これらの間にはほとんど共通性がない。）
Hardly any buildings were left standing after the atomic bomb was dropped.
（原爆が投下された後には、残っている建物がほとんどなかった。）

❺全くない・少しもない

none　→数・量（特定数量に用いる）
no　　→数・量（一般論に用いる）

None of the members is satisfied with the result.
（会員は誰もその結果に満足していない。）
There is **none of** the wine left.
（そのワインは少しも残っていない。）

No drug can be sold without government approval.
（政府の認可なしに薬を販売することはできない。）

No water was available for two days after the pipes burst.
（水道管が破裂してから2日間は、水が全く使えなかった。）

2　比を表わす（ratio）

数値間の比、つまり「AとBの比は1対5」といった例がこれにあたります。主な表現には次のようなものがあります。

▶ **The ratio of A to B：A対Bの比**

The school **has a 1:15** teacher-student **ratio**.
（その学校における先生と生徒の数の比は1対15である。）

The ratio of men to women in the class is **4:1**.
（そのクラスにおける男子生徒と女子生徒の比は4対1である。）

Mix the concrete **in the ratio of 4** parts sand **to 1** part cement.
（砂4に対してセメント1の割合で混合し、コンクリートを作ります。）

The ratio of world gold production to silver and platinum is **about 4:10:3 by weight**.
（世界的な金・銀・銅の生産量は、重量比でおよそ4対10対3である。）

ここがポイント!!

〈proportion〉の場合は、〈the proportion of A in B〉となりますが、〈ratio〉の場合は、〈the ratio of A to B〉となり、前置詞が異なることに注意しましょう。

▶ **The ratio between A and B：A対Bの比**

〈The ratio of A to B〉と同等に用います。異質なものの比較に使われることが多いようです。

The ratio between the number of insect pests **and** the amount of pesticide used depends on the resistance of the pests and the type of pesticide.
（害虫数と殺虫剤使用量の比率は、害虫の抵抗力や殺虫剤の種類によって異なる。）

3　単位あたりの数量を表わす(rate)

基準単位あたりの数量は〈rate〉を用いて表わすことができます。
わかりやすいように、「男子10人・女子40人で構成された50人のクラス」で考えてみましょう。

　One in every five of the students in the class is male.
　One out of five of the 50 students in the class is male.
　（このクラスの5人に1人が男子生徒だ。）

〈every〉で「～毎」という意味を表わしているのがおわかりいただけるでしょうか。この「～毎」というニュアンスによって、〈rate〉は様々な指標・単位あたりの数値を表わすことができます。

▶速度（rate of speed）：単位時間あたりの変動距離
　The car travelled **at a rate of 40 kilometers per hour**.
　（その車は時速40kmで走行した。）

▶流量（rate of flow）：単位時間あたりの流出（流入）量
　The capacity of the pump is **1 kiloliter per minute**.
　（そのポンプの流量は毎分1キロリットルである。）

▶公共料金（utility rates）
　The winter **rate for** water supply is **$1.20 per cubic meter**.
　（冬季の水道料金は1m³あたり1.20ドルである。）

▶郵便料金（postage rates）
　The postage **rate for** international airmail letters to Asia is **$1.50 per 100 grams**.
　（アジア地域への国際郵便料金は、100gあたり1.50ドルである。）

▶時給（rates of pay）
　The minimum **rate of pay** for casual labor in Akita Prefecture is **680 yen per hour**.
　（秋田県における臨時労働者の最低賃金は時給680円である。）

▶為替レート（rate of exchange）
The rate of exchange is **￥106 per US$1**.
（為替レートは1ドル106円である。）

その他、次のような数値も〈rate〉で表わします。

unemployment rate（失業率）　：労働者1,000人中の失業者数
birth rate（出生率）　　　　　：人口1,000人中の生存出生数

☞ここがポイント!!
〈per〉は「1単位あたり」という意味を表わすので、〈rate〉を表わすための計測単位に数字の〈1〉を加える必要はありません。
　×　five kilometers per one hour（5 km/1 h）
　○　five kilometers per hour（5 km/h）

●●● 4 ●●● 倍数を表わす

本章の最後は、倍数の表現です。なかなか便利な表現ですので、代表的なパターンを頭に入れておきましょう。

There are **four times as many** men in the class **as** women.
（クラスには女子生徒の4倍の男子生徒がいる。）
A truck tank holds **four times as** much gasoline **as** that of a car.
（トラックのガソリンタンクには乗用車タンクの4倍量のガソリンが入る。）

The weight of A is **three times** that of B.
A is **three times** B in weight.
（Aの重量はBの重量の3倍である。）

A is **three times** heavier than B.
A is **three times** as heavy as B.

（AはBより3倍重い。）

The speed of the Shinkansen is **twice** that of express trains.
（新幹線の速度は急行の速度の2倍である。）

The speed of express trains is **half** that of the Shinkansen.
（急行の速度は新幹線の速度の半分である。）

The tensile strength of polystyrene is **2.5 to 3 times** that of polyethylene.
（ポリスチレンの引張強さは、ポリエチレンの2.5〜3倍である。）

The testing pressure shall be **1.5 times** the normal pressure.
（テスト時の圧力は通常の圧力の1.5倍相当とする。）

The production of ICs showed a **ten-fold** increase over the past five years.
（ICの生産量はここ5年で10倍の伸びを示した。）

The yield has been **doubled** using this method.
（この方法で利益が倍になった。）

The profit is **double** (**triple** / **quadruple**) that of last year.
（利益は昨年の2倍〔3倍／4倍〕である。）

9 割合・比率

第 10 章
原因・結果・理由

1. 「原因」を主語にした表現……174
   1 直接的原因……174
   2 間接的原因……180

2. 「結果」を主語にした表現……182

3. 理由……184

1 「原因」を主語にした表現

原因・結果を表わす表現には次の2パターンがあります。

① 「原因」を主語にした表現

原因 ─────→ 結果

Acid rain caused **the death of the trees**.
（酸性雨が原因で木が枯れた。）

② 「結果」を主語にした表現

結果 ─────→ 原因

The death of the trees resulted from **acid rain**.
The death of the trees was caused by **acid rain**.
（木が枯れたのは、酸性雨が原因である。）

では①のパターンから、様々な表現を紹介します。

1 直接的原因

❶直接的原因を表わす動詞・動詞句

まずは、次の例を見てみましょう。

Acid rain **killed** the trees.
（酸性雨が木を殺した。＝酸性雨のために木が枯れた。）
The switch **activates** the motor.
（そのスイッチがモーターを始動させる。
＝そのスイッチを入れるとモーターが起動します。）

「無生物主語＋動詞」の表現を使うことで、英語らしい簡潔な文章になっています。このような表現をつくる際に大変便利なのが「因果関係を表わす動詞・動詞句」です。以下に代表的なものをあげますので、頭に入れておきましょう。

▶cause（〜を引き起こす）

原因を表わす代表的な表現です。上記の例は、〈cause〉を用いて書き換えることができます。

 Acid rain **killed** the trees.
 ＝ Acid rain **caused** the trees to die.
 ＝ Acid rain **caused** the death of the trees.
 （酸性雨が原因で木が枯れた。）

〈cause〉は一般的に、悪い結果（例：樹木の枯死など）をもたらした直接的な原因を示します。そのため下の文のように、良い結果（試験合格）を〈cause〉で表わすと、しっくりきません。

 ×Hard work **caused** the student to pass the examination.
  （猛勉強が原因となって、その生徒は試験に合格した。）

この文は、次のように書き換えたほうが自然です。

 Hard work **resulted in** the student passing the examination.
 （猛勉強した結果、その生徒は試験に合格した。）

「良くも悪くもない結果・ごく当然の結果」についても〈cause〉を用います。

 The condensation of water vapor around extremely small particles in the atmosphere **causes** precipitation.
 （大気中のごく小さな粉塵を核にして水蒸気が凝結すると、雨が降る。）

▶lead to（〜につながる／結果として〜になる）

一定期間を経て、徐々に結果が出る場合に用います。

 Inflation in the economy eventually **leads to** a fall in real incomes.
 （インフレは、結果として実質所得の低下につながる。）
 The police investigation **led to** the arrest of the thief.
 （警察の捜査によって、その泥棒は逮捕された。）

▶result in（〜という結果になる）

原因となる物事の発生からほどなく、直接的な結果が出る場合に用います。

 The railway strike **resulted in** cancellation of the meeting.
 （鉄道ストライキが起きたために、その会議は中止になった。）

▶**give rise to**（～を生じさせる／～をもたらす）
予想外の結果が出る場合に用います。〈create〉とほぼ同義。

The increased use of pesticides **gave rise to** resistance in many insects.
（殺虫剤の使用が増えたことで、害虫の多くに耐性ができた。）

▶**bring about**（～をもたらす／～を実現する）
長期的な効果・大規模な変革をもたらす場合に用います。

The American occupation of Japan **brought about** many changes in the political and social systems.
（アメリカによる日本の占領は、政治や社会の仕組みに様々な変化をもたらした。）

Increased use of the Internet has **brought about** significant changes in the relationship between service industries and their customers.
（インターネットの普及は、サービス産業とその顧客との間の関係に大きな変化をもたらした。）

▶**induce**（～を誘発する／～するよう仕向ける）
特殊な行動・手段（薬物の使用・軍事力の行使・物理的割り込みなど）が何らかの効果をもたらす場合に用います。

The drugs **induced** the premature birth of the baby.
（その薬は早産を誘発した。）

Removal of the egg from the nest **induces** the chicken to lay another one.
（巣から卵を取り出すと、鶏は新たに卵を産むようになる。）

▶**generate**（～を発生させる／～を引き起こす）
何らかの出来事・状況が、効果を生む・効果を拡大する場合に用います。

The discovery that the response of individuals to certain foods has a genetic origin has **generated** great interest in a genomic approach to diet.
（ある種の食物に対する個人の反応には遺伝性がある、という発見によって、食餌療法におけるゲノム的アプローチに対する関心が高まっている。）

▶**create**（～を創出する／～を生み出す）
予想外の結果・前例のない結果をもたらす場合に用います。

The listing of the company on the stock exchange **created** many opportunities for new business ties.

（株式上場は、新たな業務提携のチャンスを生み出した。）

▶ drive　（～に追いやる／駆り立てる／余儀なく～させる）
非常に強大な要因によって、人や組織が何らかの行動を余儀なくさせられる状態を表わします。

　The high level of unemployment is **driving** the demand for retraining schemes.
　（失業〔率〕が高いため、再教育の仕組みへの要求が高まっている。）

▶ engender　（～を引き起こす／～を生む）
予想外の悪い結果が引き起こされる場合に用います。

　If trademarks are very similar, this **engenders** the risk that consumers will confuse the products or services of different companies.
　（登録商標があまりに似ていると、どの会社の商品・サービスなのかと消費者が混乱する危険性がある。）

▶ prompt　（～するよう促す／刺激する／駆り立てる）
ある「結果」が実現するよう、人や組織を仕向けることを表わします。

　The depression in the construction industry has **prompted** many companies to enter the property management business.
　（建設業界が不況に陥ったことによって〔刺激され〕、多くの企業が不動産管理事業に参入した。）

▶ trigger / touch off　（～の引き金となる・引き起こす）
あらたな動き・転機・出発点などの「きっかけ」を表わします。〈touch off〉は、騒ぎや暴動など暴力的な動きに対して用いることが多いようです。

　The lightning that hit the aerial **triggered** a breakdown in communications.
　（アンテナへの落雷が誘因となり、通信が途絶えた。）
　The insider trading scandal **touched off** a public uproar.
　（インサイダー取引の不祥事が騒ぎを引き起こした。）

▶ precipitate　（～を突然引き起こす）
突発的な結果・予想外の結果になることを表わします。

　The collapse of Enron Corporation **precipitated** a rapid decline in the share values of major accountancy firms.
　（エンロンの倒産は大手会計事務所の株価急落を引き起こした。）

10 原因・結果・理由

177

▶ incite（扇動する／煽って〜させる）
人の行動に対して用いられ、望ましくない変化を表わす場合がほとんどです。
　The actions of the police **incited** the crowd to riot.
　（警察の行動が群集を煽り、暴動を引き起こした。）

▶ provoke（〜を喚起する／刺激して〜させる）
人々の感情的な反応や行動を喚起することを表わします。
　Her bravery and harrowing experience as a captured soldier **provoked** a great deal of sympathy.
　（彼女の勇気や捕虜としての悲惨な体験が、人々の深い同情を誘った。）

❷直接的原因を表わす名詞・名詞句
▶ the cause of（〜の原因）
動詞〈cause〉と同様に、良い結果よりも、悪い結果やどちらともいえない結果に関する表現で用います。
　The cause of the accident was failure of the braking system.
　（事故の原因はブレーキの故障だった。）

▶ the root (cause) of（〜の根本的な原因）
　The root of the deterioration in business performance is the lack of capital investment.
　（業績悪化の根本原因は、設備投資の不足である。）

▶ the trigger for（〜のきっかけ／〜の引き金）
　The excessive borrowing for house purchases was **the trigger for** a rise in official interest rates.
　（住宅購入目的の借り入れが増えたことが、公定歩合上昇の引き金となった。）

❸直接的原因を表わすその他の表現
接続詞〈because〉を用いた副詞節や、〈because of〉〈owing to〉などで始まる前置詞句で直接的原因を表わすこともできます。

▶ because（〜なので／〜のため）
接続詞〈because〉で始まる副詞節は、「原因」を示す最も一般的な表現です。
　The equipment failed **because** it had been poorly maintained.
　（きちんと整備されていなかったため、その装置は故障した。）

▶ **because of**（〜のため／〜によって）
▶ **owing to**（〜のおかげで）
▶ **on account of**（〜の故に）
▶ **through**（〜によって）
▶ **as a result of**（〜の結果として）

これらの前置詞句は、後ろに名詞または名詞句をとります。〈because〉と〈because of〉の用法を混同しないよう、注意してください。

The trees died **because of** the acid rain.
（酸性雨によって木が枯れた。）

〈**owing to**〉は、達成や成功に不可欠な要因を挙げる場合によく用いられます。

The heavily damaged cement plant was repaired in only three months **owing to** the skill and experience of its engineers.
（その社の技術者の技術と経験のおかげで、大きな被害を受けたセメント工場はわずか3カ月で修復された。）

〈**on account of**〉は、固い文語表現です。

The number of new bank loans has declined **on account of** the policy of applying stricter criteria for collateral.
（担保に関する基準が厳しくなるという政策の故に、新しい銀行ローンの数が減少してきた。）

〈**through**〉と〈**as a result of**〉は過程に原因がある場合に用います。

The policy conclusions were arrived at **through** an industrial survey using questionnaires and interviews.
（アンケートやヒアリングによる産業調査の結果、政策が決定された。）

Many copyright problems have arisen **as a result of** the development of computerized communication networks, such as the Internet and intranets.
（インターネットやイントラネットなどのコンピュータ通信網が普及した結果、様々な著作権問題が生じている。）

▶ **(be) due to / due to the fact that**（〜のために／〜が原因で）

〈due to〉は〈caused by〉と同義です。

The accident **was due to** careless driving.
（その事故は不注意運転が原因だった。）

10 原因・結果・理由

The airport apron asphalt has eroded away **due to** gasoline spillage.
（こぼれたガソリンのせいで、空港の滑走路のアスファルトが腐食し剥がれている。）

> **☞ここがポイント!!**
> 〈due to the fact that〉は固い文語表現で、「原因」を強調する場合にのみ用います。

▶ **thanks to**（～のおかげで）
喜ばしい結果をもたらす人やものに対して、その功績に感謝するニュアンスがあります。

The bag was returned to its owner **thanks to** the person who handed it in at the lost property office.
（遺失物案内所に届けてくれた人のおかげで、そのバッグは持ち主のもとに戻ってきた。）

▶ **from / out of**（～〔という動機〕から）
義務・責任感・情熱・興味など心理的・感情的な動機を表わします。

He returned to work in the family business **out of** respect for his parents.
（彼は、両親への配慮から家業に戻った。）

She took up painting mainly **out of** interest.
（彼女は、主として興味から絵画を始めた。）

He helps at the school **from** a sense of duty towards the local community.
（地域社会に対する義務感から、彼は学校を手伝っている。）

2 間接的原因

原因と結果は常に直結するとは限りません。間接的原因・部分的原因についてもさまざまな表現方法があります。

❶間接的原因を表わす動詞・動詞句

▶ **contribute to / play a role in / play a part in**（～に貢献する／～に一役買う）

Appropriate education and information for taxpayers **contributes to** the submission of more accurate self-assessments in tax returns.

（納税者向けに適切な教育を行ない適切な情報を提供すれば、より正確な確定申告書が提出されるようになるだろう。）

▶encourage（〔〜するよう〕促す）
何らかの行動・活動を奨励し助長する働きを表わします。
 Sunlight **encourages** the growth of plants.
 （日光は植物の生長を促進する。）

❷間接的原因を示すその他の表現
▶a (the) impetus for (to)（〜に向けての勢い・原動力）
障害を乗り越えて結果を出せるよう、刺激してはずみをつける働きを表わします。
 The impetus for her success went back to her supportive parents.
 （彼女の成功の原動力は、支えてくれた両親だった。）

▶part of the cause / a factor in the cause（原因の一部／一因）
 Part of the cause of the decline in sales was the generally sluggish economy.
 （売上が減少した原因の1つは全般的な不況にあった。）
 This quality control policy was certainly **a factor in** achieving a higher market share.
 （この品質管理規定が市場シェア拡大の一因となったことは確かだ。）

▶a tendency to
▶liable to + cause 〜 / lead to 〜 （〜の傾向がある／〜やすい）
▶apt to

 In developing countries, bottle feeding of infants has **a tendency to lead to** malnutrition.
 （発展途上国では、乳児を人工乳で育てると栄養失調になりやすい。）
 Poor maintenance is **liable to cause** accidents.
 （整備不良は事故の原因になりやすい。）
 Imprecise use of prepositions of place is **apt to cause** confusion for those who try to follow instructions for assembling products.
 （場所を表わす前置詞を正確に使わないと、説明書のとおりに製品を組み立てようとする人が混乱するおそれがある。）

▶to be instrumental in (to)（〜に役立つ）
間接的な支援手段・促進策（法令・政策・決断など）に用います。

The decision to lower tariffs **was instrumental in** making Kuwait a destination for electronic goods.
（関税引き下げの決定が追い風となって、クウェートは電子製品の仕向け地となった。）

▶ **be conducive to** （〜につながる）
良い結果や計画・予定の実現に向けて、環境を整える働きを表わします。
　The controlled temperature conditions **are conducive to** a lower failure rate in the sensitive equipment.
　（設置場所の温度を一定に保つことで、精密機器の故障率低下につながる。）

●●● 2 ●●●　「結果」を主語にした表現

ここまでは「"原因"が"結果"を引き起こす」という表現を紹介してきました。これを受動態にすると、「"結果"が、"原因"によって引き起こされる」となり、「結果」を主語にした表現になります。

❶結果を表わす動詞・動詞句
▶ **caused by / result from** （〜に起因する／〜によって生じる）
「結果」を主語にとる場合によく用いられる表現です。
　The death of the trees **resulted from** acid rain.
　（木が枯れたのは、酸性雨が原因である。）

▶ **attribute to / ascribe to** （〜に帰する／〜のせいだと考えられる）
ある結果を引き起こしたと思われる（ただし本当に引き起こしたかどうかは定かでない）要因を表わします。
　The fall in the value of the yen is **attributed to** a lack of confidence in the success of economic reforms.
　（円が下がっているのは、経済改革の成功が疑問視されているからだと考えられる。）

❷結果を表わす名詞・名詞句

▶ **a result of / a consequence of**（〜の結果）
必然的で明白な結果を表わします。

Their victory was **a result of** good team work.
（彼らの勝利は、すばらしいチームワークの結果である。）

His failure to be re-elected was **a consequence of** the policies he introduced while in office.
（彼が再選されなかったのは、在任期間中に導入した政策が原因である。）

Many experienced persons have left the industry as **a consequence of** downsizing in the health and safety management structure.
（健康管理や安全管理の仕組みが縮小された結果、ベテランの多くがその業界を去っていった。）

▶ **a reflection of**（〜の反映）
何らかの原因を反映して、望ましくない結果に終わる場合に用います。

The loss of forests is **a reflection of** people's attitudes towards the environment.
（森林が失われていくのは、環境に対する人々の姿勢が反映された結果である。）

▶ **a response to**（〜に対する反応・対応）

The decision to impose tariffs on steel imports was **a response to** increasing pressure from industry lobbyists.
（輸入鋼に関税を課すという決定は、業界のロビイストたちからのさらなる圧力に対する対応であった。）

▶ **an (the) effect of**（〜の影響・効果）

The rise in prices was **the effect of** higher wage rates negotiated in the previous year.
（物価の上昇は、前年に取り決められた賃金率アップの影響によるものだ。）

❸結果を表わすその他の表現

次のような表現でも結果を表わすことができます。ただし、あらたまった文書ではあまり用いられません。

▶ **too 〜 to …**（あまりに〜なので、…できない）

He is **too** old **to** join the army.
（彼はあまりに高齢なので入隊できない。）

▶ **enough to ~**（~するのに十分な）
　The town is large **enough to** be designated a city.
　(その町は、市としても十分な広さ〔人口〕がある。)

▶ **only to ~**（結果的に~しただけ／しかし結果は~だった）
　The Titanic was designed by experts and built with the latest technology, **only to** sink on her maiden voyage.
　(タイタニックは専門家が設計し、最新の技術を用いて構築されたが、処女航海で海に沈むことになった。)

3　理由

〈cause〉（原因）と〈reason〉（理由）はどちらも、ある結果が「なぜ」起こったかを表わします。この2つはかなり近い表現なので、どちらを用いてもよい場合も少なくありません。ただし厳密にいえば、〈cause〉が「結果を引き起こすもとになった物事＝要因」を表わすのに対し、〈reason〉は「なぜその結果になったのか＝論理的な説明」を意味します。
たとえば、「ⓐ雨が降り出したので、ⓑ濡れないように、ⓒ洗濯物を取り込んだ。」という文の場合、ⓐが〈cause〉（原因）、ⓑが〈reason〉（理由）、ⓒが〈result〉（結果）に相当します。
それでは、理由を表わす表現をいくつか見ていきましょう。

▶ **because of / on account of**（~の理由で／~なので）
これらの表現は、嗜好・必要性・願望・決意・事情・品行などによる理由づけによく用いられます。
　I lent him the money **because of** his need to study for a new job.
　(彼は新しい仕事のために勉強をする必要があるので、私が彼にお金を貸した。)
　He was dismissed from the job **on account of** his behavior.
　(彼は品行を理由に解雇された。)

▶ **because / as / since**（〜の理由で／〜なので）

〈because〉を用いた副詞節は、読み手が初めて知る情報を提示する際に用います。一方、既出の情報を提示する場合には〈as〉や〈since〉を用います。

　I took the train **because** I wanted to read.
　（道中で読書がしたかったので、電車で出かけた。）

　Since he did not pay his bills, the water supply was cut off.
　（水道料金を払わなかったために、彼は水道を止められてしまった。）

　As the train was late, we decided to take the bus.
　（電車が遅れたので、バスで行くことにした。）

▶ **for**（〜のために）

〈for〉を「〜のために（理由）」の意で用いるのは、文学などの固い文語表現が中心であり、テクニカルライティングにおいては一般的ではありません。
ただし〈Thank you **for** ...〉というように、人の感情や態度などを理由にあげられる場合には、「理由」の意で用いることができます。

　Thank you **for** your kindness.
　（ご親切にありがとうございます。）

10 原因・結果・理由

第 11 章

目的・機能

1. **目的を表わす表現……188**
   1 〈to〉を使った表現……188
   2 目的を強調する表現……188

2. **機能を表わす表現……189**
   1 具体的な機能を表わす動詞……189
   2 その他の便利な表現……189
   3 機能を強調する表現……191

●● 1 ●● 目的を表わす表現

1 〈to〉不定詞を使った表現

目的を表わす表現の代表的なものが、〈to〉不定詞を使った表現です。

学校英語では、「〜の目的で」「〜するために」とくると、無条件に〈to〉不定詞を用います。
ところが実際は、〈to〉不定詞によって目的と結果という2つのニュアンスを表わすことができます。たとえば、次の例文を見てみましょう。

> Press f-1 **to** display help messages.
> （ヘルプメッセージを表示するには、F-1を押してください。）→目的
> （F-1を押すと、ヘルプメッセージが表示されます。）　　　→結果

「ヘルプメッセージの表示」は行為の「目的」であると同時に、意図された「結果」でもあるのです。
目的のニュアンスを明確にしたい場合は、次のような表現を用います。

▶ **in order to 〜**　　〜するために
▶ **so as to 〜**

Insulation was laid **in order to** conserve heat.
（保温を目的として、断熱材が取り付けられた。）
The metal plates fit over the switch **so as to** protect the fingers.
（指を保護するため、そのスイッチには金属板が取り付けられている。）

2 目的を強調する表現

次のような名詞句を用いることで、目的を強調することができます。

▶ **the purpose of ～**
▶ **the object of ～**   （～の目的）
▶ **the aim of ～**

The purpose of laying insulation is to conserve heat.
（断熱材を取り付けた目的は、保温である。）

Profit is **the object of** business.
（利潤が商売の目的である。）

The aim of building the dam is to regulate water flow.
（ダム建設の目的は、流水量の調節である。）

2　機能を表わす表現

1 具体的な機能を表わす動詞

機能を説明するには、次のような動詞を使って具体的に表現する方法が一般的です。

The plastic foot **prevents** the floor from being damaged.
（〔家具の〕プラスチック製の台座は、床の傷みを防止する。）

The cap **protects** the tip of the pen.
（キャップはペン先を保護している。）

The cable **carries** electrical signals to the machine.
（そのケーブルは、その機器まで電気信号を伝達する。）

2 その他の便利な表現

❶ ～として機能する

「機能する」の意を表わす〈function〉〈operate〉〈act〉〈serve〉は、なかなか便利

な動詞です。〈as〉を付けたパターンを覚えておきましょう。

▶ **function**
▶ **operate**   ＋　as ～（～として機能する）
▶ **act**
▶ **serve**

The handle **functions** as a lever.
（そのハンドルはレバーとして機能する。）

The bar **operates** as a steering device.
（その棒は、ステアリング装置として機能する。）

The plastic foam **acts** as insulation.
（発泡プラスチックは、断熱材として機能する。）

The hood also **serves** as a shading device.
（そのフードは、日よけとして機能する。）

❷～の働きをする

〈function〉は〈as〉だけでなく〈to〉を続けることもできます。

▶ **function to ～**（～する働きをする）

The thermostat **functions to** regulate the temperature.
（サーモスタットは、温度を調節する働きをする。）

❸～用である

〈for〉を用いて「～用である」と表現するパターンです。

The CRT is used **for** displaying graphic data.
（そのCRTは画像データ表示用である。）

The hood is provided **for** shading the screen.
（そのフードは、スクリーンの日よけ用に設置されている。）

❸ 機能を強調する表現

機能を強調する際には、〈function〉を名詞として用います。

The thermostat regulates the temperature.
(サーモスタットは温度を調節する。)

↓機能を強調すると……

The function of the thermostat is to regulate the temperature.
(サーモスタットの機能は、温度を調節することである。)

第12章 手段・方法

1. **手段・方法を表わす用語**……194

2. **手段・方法を表わす表現**……198
   1. 〈by〉を使う……198
   2. 〈with〉を使う……201
   3. 〈by〉〈with〉〈by using〉〈using〉の使い分け……201
   4. 〈through〉と〈via〉を使う……205

1 手段・方法を表わす用語

手段・方法を表わす用語は、似ているようにみえても意味合いが個々に異なります。そのため、語句の選択を誤っている例がよく見受けられます。まずはそれぞれの持つニュアンスを正しく把握しましょう。

▶ **means**（手段・方法・媒体・機関）
目的を達成するために必要なもの、手助けとなるもの、あるいは目的の達成を容易にするものを指します。一般的には、道具・物質・装置・政策・動作主（組織や個人など）・計画などがこれにあたります。

〈means〉という語を「手段」の意味で使う場合には必ず複数形を取り、これを受ける動詞は、単数形または複数形をとります（いくつかの手段を考えている場合は複数形、1つの場合は単数形です）。

Air pressure **is** used as the **means** of driving the robot arm.
→「空気圧」を受ける動詞は単数形
（空気圧は、ロボット・アームを動かす手段として用いられる。）

Proper tools **are** the only **means** of achieving a satisfactory finish to the work.
→「道具類」を受ける動詞は複数形
（適切な道具類を用いることが、満足のいくように仕上げる唯一の方法である。）

〈means〉は主に次のような文脈で用います。

Poison is a better **means** of killing rats than using a trap.
（ねずみの駆除には、ねずみ捕りよりも毒を使うほうが良い方法である。）
→「毒」＝手段

The camel is the main **means** of transport in the desert.
（ラクダは砂漠における主要な交通手段である。）
→「らくだ」＝手段

The police are the main **means** of maintaining public order.
（警察は、治安維持の主要機関である。）
→「警察」＝機関

〈means〉が、目的を達成するために利用できる資源（resources）を表わすこともあります。技術・人材・技能・原材料などがこの場合の「資源」にあたります。

The U.S. has the **means** to become self-sufficient in energy supplies.
（米国にはエネルギーを自給自足できるだけの資源がある。）

▶ method（手法・方法）
〈means〉と同じような意味で用いる場合もありますが、〈method〉は本来、単なる道具や動作主ではなく、決まったやり方・系統立った方法を意味する語です。そのため〈method〉を用いることによって、詳細な計画・理路整然とした計画にもとづく一連の手順・テクニック、ルールなどに焦点を当てることができます。

There are several popular **methods** of reducing weight, but almost all of them involve diet control and regular physical exercise.
（流行のダイエット方法はいくつもあるが、大抵の方法には食生活の管理と定期的な運動が組み込まれている。）

There are a great variety of **methods** used in English language teaching.
（英語教育には様々な手法がある。）

The Marxist doctrine is not a scientific truth but a **method** of social and historical analysis.
（マルクス主義は科学的真理ではなく、社会や歴史を分析する1つの手法である。）

The scientific **method** involves the testing and confirmation of hypotheses.
（その科学的手法には、仮説の検証と立証も含まれている。）

▶ manner（様式）
〈manner〉は、個人・国家・歴史上の一時期に特有の行動、あるいは際立った行動様式を表わします。

His **manner** of teaching greatly encourages the students to learn.
（彼の教え方は、生徒の学習意欲を大いに高める。）

上記の例では、熱意や励ましといった教師の「行動・態度」を〈manner〉で表わしています。〈manner〉の代わりに〈method〉を用いた場合は、授業の組み立て方や使用教材、教育理論といった「教授法」を意味します。

The Japanese have a different **manner** of doing business to Americans.
（日本には、アメリカとは違う商慣習がある。）

この場合の〈manner〉は、ビジネスに関する日本特有の慣習や態度を意味しています。〈manner〉の代わりに〈method〉を用いると、ビジネス上の様々な方策や商法などを意味します。

▶ procedure（手順・手続き）
〈procedure〉は、個人・組織・政府などによって定められた一連の手順・実施方法・対策などに用います。
ほとんどの場合、〈procedure〉は従うべき手順であり、その手順以外には選択の余地がありません。

The **procedure** for opening a bank account has been simplified.
（銀行口座の開設手続きは簡略化されてきた。）

This operation manual describes the **procedures** for handling incoming and outgoing international calls.
（この操作マニュアルには国際電話の受発信の手順が記載されている。）

Proper maintenance **procedures** were not being followed and this resulted in a higher rate of failure.
（正しい整備手順を守らなかったために、故障率の上昇を招いた。）

▶ system（システム・仕組み）
〈system〉は、作業や課題を遂行するための仕組みを表わします。複雑な手順を含み、個々の要素が相互に関連して1つの体系を作っているのが〈system〉の特徴です。

The education **system** in Japan is controlled by the Ministry of Education, Culture, Sports, Science and Technology.
（日本の教育システムは文部科学省の管轄である。）

この場合の〈system〉は、教育機関・カリキュラム・教師・教材などの要素で構成される教育の仕組み全体を表わしています。

▶ routine（機械的な作業・日常的な手順）
〈routine〉は、機械的な作業や決まりきった手順を表わします。
〈routine〉は〈procedure〉に近い意味合いの語ですが、規定とは限りません。また〈routine〉という語を用いることで強調されるのは手順そのものと、その日常性・規則性ですので、連続性や順序のニュアンスは含みません。

A check of the safety devices should be part of the foreman's **routine** before starting the assembly line.
（組立てラインをスタートさせる前に、安全装置の点検を行なうのが現場監督の日課の1つである。）

▶process（過程・工程）
〈process〉は、結論・結果・変化に至るまでの一連の段階・手順を意味しています。製造工程を表わすことも珍しくありません。

Bacteria are vital in the **process** of digestion.
（バクテリアは消化過程に不可欠である。）

Salt penetrates the concrete and accelerates the corrosion **process** in the metal reinforcing bars.
（塩分はコンクリートに浸透し、鉄筋の腐食の進行を加速させる。）

The new steel-making **process** requires 40% less energy.
（新しい製鋼法を用いれば、エネルギーを40%節減できる。）

▶treatment（処置・処理）
〈treatment〉は、形態形質の変化・性能向上・症状の改善・損害予防を目的とした、一連の手順や処置を表わします。

Painting or coating with plastic is another type of waterproofing **treatment**.
（プラスチック塗装は、防水処理の新しい方法である。）

Treatment of timber with cresol preserves it from rat and insect attack.
（木材をクレオソートで処理すれば、ネズミや害虫の被害を防ぐことができる。）

Water **treatment** may not remove such pollutants as phosphates or nitrates.
（水処理〔工程〕では、リン酸塩や硝酸塩などの汚染物質が除去できないことがある。）

2　手段・方法を表わす表現

手段・方法を表わすには、主に次のような方法があります。
① 〈by〉を使う　　　　　　　　（手段・動作主など）
② 〈with〉を使う　　　　　　　（材料・道具・能力など）
③ 〈using〉〈by using〉を使う　（手段と結果との間に直接的な関係がない場合）
④ 〈via〉〈through〉を使う　　　（経路・媒介など）

それでは、それぞれの方法について表現例をみていきましょう。

1 〈by〉を使う

▶交通手段・通信手段を表わす

この場合、〈by〉の後には無冠詞の名詞が続きます（〈by post〉〈by car〉〈by radio〉〈by train〉など）

　I sent a message **by** telegram.
　（私は、電報でメッセージを送った。）
　The message was delivered **by** hand.
　（そのメッセージは手渡しで配達された。）
　Most of the guests came **by** car.
　（招待客のほとんどが車でやって来た。）
　They crossed the desert **by** camel.
　（彼らはラクダで砂漠を横断した。）
　Timber can be transported more cheaply **by** river.
　（川を使えば、材木をもっと安価に輸送できる。）

上記の例では、ラクダ・車などの名詞はひとまとまりの概念とみなされ、物体そのものを表わしているのではありません。たとえば〈by camel〉という表現では、〈camel〉を1頭の動物としてではなく、移動の一形態と捉えています（つまり、「ラクダに乗ることによって」という意味になります）。

手段を1つのプロセスとみなす場合もあります。たとえば〈by telegram〉という表現は、「電気信号でメッセージを送信→紙に印刷→配達」という一連のプロセスを指しています。電報の紙自体（a telegram）を表わしているのではありません。

▶ **動作を受ける部分を表わす（〜のところを）**

Always hold the photographic film **by** the edges.
（写真フィルムは必ず端の部分を持つこと。）

Lift the cover **by** one of the handles.
（取っ手の1つをつかんで蓋を取ってください。）

He caught the animal **by** the tail.
（彼はその動物の尻尾を捕まえた。）

▶ **力やエネルギーとしての手段を表わす**

The power station can be fired **by** coal or LNG.
（その発電所は石炭か液化天然ガスを燃料としている。）

Both the clamp and the robot arm are driven **by** air pressure.
（クランプとロボット・アームは空気圧で動く。）

The bolts were broken off **by** force.
（ボルトは無理な力が加わって折れてしまった。）

▶ **行為をするための手段・行為を完了させるための手段を表わす**

He left **by** the first morning train.
（彼は、朝一番の列車で出かけた。）

The thief came in **by** the back door.
（泥棒は裏口から入ってきた。）

〈by means of〉という表現は、この意味でよく使われます。〈by means of〉は、その手段によって何らかの物事の実現が可能となること、他の手段では実現が不可能（あるいは困難）であることを表わしています。

Due to the bad weather they had to complete the ascent of the mountain **by means of** footholds made by previous climbers.
（悪天候のため、彼らは前の登山者が残した足場を辿って登山しなければならなかった。）

She could not speak English but could communicate **by means of** hand gestures.
（彼女は英語が話せなかったが、手振りでコミュニケーションを取ることはで

きた。)

The computer operator can communicate directly with the machine **by means of** control keys or a specially modified typewriter.
(そのコンピュータ・オペレータはコントロールキーまたは特別に改良されたタイプライターを用いて、そのマシンと直接通信することができる。)

▶**動作主を表わす**

この場合は受動態の構文を取り、〈by〉の後にくる動作主が実質上の主語になります。

The boy was bitten twice **by** the dog.
(男の子はその犬に2度噛まれた。)

The tree was struck **by** lightning.
(その木に雷が落ちた。)

Both parts are held together **by** string.
(2つのパーツは紐でつながっている。)

〈by the action of〉という表現を用いることによって、動作や作用を強調することもできます。

The metal bars were corroded **by the action of** seawater.
(その金属棒は海水の作用で腐食していた。)

▶**手段が行為や過程そのものである場合**

〈by 〜 ing〉という動名詞の形で表わすことができます。

Turn the machine off **by pressing** the switch.　(pressing=行為)
(スイッチを押して機械を止めてください。)

The packet can be opened **by pulling** the tab.　(pulling=行為)
(つまみを引くと包みを開けることができます。)

The plastic is melted **by heating**.　　　　　　(heating=過程)
(プラスチックは加熱すると溶ける。)

The dog died **by drowning**.　　　　　　　　　(drowning=過程)
(その犬は溺れて死んでしまった。)

2 〈with〉を使う

物体・物質・材料・道具・能力などを手段として用いる場合には〈with〉を使います。「動作主」が手段になっている場合には〈with〉は使えません。

 Catch the excess oil **with** a bucket.　　　　　　（物体）
 （余分な油をバケツで取ってください。）
 He caught the ball **with** his left hand.　　　　　　（物体）
 （彼は左手でボールをキャッチした。）
 She usually opens her letters **with** scissors.　　　（道具）
 （彼女はいつもハサミを使って手紙を開封する。）
 Protect the ends of the wires **with** insulation tape.　（材料）
 （絶縁テープで電線の先端を保護してください。）
 Wash your hands **with** soap and water.　　　　　（物質）
 （石鹸〔と水〕で手を洗ってください。）
 The teacher handled his students **with** patience.　（能力）
 （その教師は忍耐強く生徒に対応した。）

否定文では〈without〉を使います。

 They had to draw the diagram **without** a ruler.
 （彼らは定規を使わずにその図表を描かなければならなかった。）
 The plants survived a week **without** water.
 （その植物は1週間水を与えなくても大丈夫だった。）

3 〈by〉〈using〉〈by using〉〈with〉の使い分け

▶〈with〉と〈using〉の使い分け

〈with〉を使う場合は、手段と結果の間に直接的な関係が必要です。そのため、〈using〉を〈with〉の代わりに使うことはありますが、逆に〈with〉を〈using〉の代わりに使うことはできません。次の例文で、その違いを確認してください。

 If the handle is stuck, move it **using** a hammer to tap the end.
 （ハンドルが動かなくなったら、ハンマーで端を軽く叩いて動かしてください。）

12 手段・方法

→ハンマー自体がハンドルを動かすわけではないので、ここでは〈with〉ではなく〈using〉を使います。

▶〈by〉と〈using〉の使い分け

日本人が書いた英文には、〈by〉と〈using〉の使い分けを間違っている例がよく見られます。〈using〉を使うべきところで〈by〉を多用すると不自然な英文になり、文脈によっては誤りとなる場合もあります。

〈by〉を使う場合は、手段あるいは動作主と結果の間に直接的な関係があることが条件となります。一方、こうした直接的な関係がない場合には、〈using〉を使います。次の例文で〈using〉と〈by〉のニュアンスの違いを確認してください。

Some plastics are easily destroyed **by** UV light.
（プラスチックのなかには、紫外線によって簡単に破損してしまうものもある。）
→光は直接的な手段（動作主）として、プラスチックに損傷を与えるため、〈by〉を用います。

A signal can be sent much faster **using** light.
（信号は光を使えば、さらに速く送信することができる。）
→ここでは、光自体が信号を送信するのではなく、信号を送る過程において光が使われていることになります。そのため〈by〉ではなく〈using〉を使います。

それでは、〈using〉を使った例もいくつかご紹介しましょう。

The mode is selected **using** the selection switch.
（選択スイッチを使ってモードを選ぶことができる。）
→スイッチが直接モードを選ぶわけではなく、誰かがスイッチを使ってモードを選択しているので、〈by〉は使えません。

Various catalysts are manufactured **using** the company's own technology.
（その会社独自の技術によって、各種触媒が製造される。）
→技術自体が製造するのではなく、会社が技術を使って触媒を製造しているので、〈by〉は使えません。

The correct size of drill is chosen **using** the table shown below.
（下記の表を参照して、正しい大きさのドリルを選びます。）
→表がドリルを選択するのではなく、誰かが表を参照してドリルを選択するの

で、〈by〉を使うことはできません。この場合は〈according to〉を使うこともできます。

▶〈by using〉の使い方

これまでに示した例文では、〈by using〉を使う必要はありません。日本人は英文を書く際に、〈by using〉を使うことが多いようですが、その多くは不適切な使い方をしています。〈by using〉は、次のような状況で手段について述べる場合に限って使われます。

ⓐ **なんらかの理由があって、動作主を強調しなければならない場合**
   他の動作主と対比する必要がある場合
   他の選択肢がない場合

The pallets must be lifted **by using** a crane, not a forklift truck.
(そのパレットは、フォークリフト車ではなくクレーンを使って持ち上げなければならない。)
→フォークリフト車と対比して、クレーンを強調しています。

ⓑ **実際に何かを使用することによって、結果を得る場合**

He secured the job **by using** his father's business contacts.
(彼は、父親のコネを使って仕事を獲得した。)
→「コネの利用」＝手段

Paper should be saved **by using** both sides of the sheet.
(両面を利用して、紙を節約すること。)
→「両面の利用」＝手段

Prepare the plan **by using** your knowledge of the process.
(そのプロセスに関する知識を活かして、計画を立ててください。)
→「知識の利用」＝手段

▶〈by〉〈using〉〈by using〉〈with〉のニュアンスの違い

多くの場合、これら4つの表現を使って同じ手段を表わすことも可能です。ただし、各々のニュアンスには違いがありますので、くれぐれも注意してください。

12 手段・方法

例①
The results were analyzed **by** computer.
　　　　　　　　　　　　　　using a computer.
　　　　　　　　　　　　　　by using a computer.
　　　　　　　　　　　　　　with a computer.

〈**by computer**〉
→〈computer〉を機器としてではなく、過程（process）として捉えています。つまり、コンピュータを使った計算処理過程によって分析されたということを表わしています（〈computer〉は無冠詞）。

〈**using a computer**〉
→分析の過程において、コンピュータという機器が使われたという事実を表わしています。

〈**by using a computer**〉
→他の方法ではなくコンピュータが使われたという事実が強調されており、何らかの理由でコンピュータ以外に方法がなかったことを表わしています。

〈**with a computer**〉
→この文では単純に〈computer〉を道具として捉えています。

例②
The plates are held together **by** bolts.
　　　　　　　　　　　　　　using bolts.
　　　　　　　　　　　　　　by using bolts.
　　　　　　　　　　　　　　with bolts.

〈**by bolts**〉
→〈bolts〉を固定するための手法・手段として捉えています。

〈**using bolts**〉
→板を合わせるという過程において、ボルトが使われたことを表わしています。

〈**by using bolts**〉
→リベットや他の道具ではなく、ボルトが使われたということが強調されています。

〈**with bolts**〉
→ボルトそのものが板をつなぎ合わせる物体であることが表わされています。

4 〈through〉と〈via〉を使う

場所を示す前置詞である〈through〉と〈via〉を用いて手段を表わす場合もあります。

〈through〉は主に経路や媒介を表わします。

The thief came in **through** the window.
（泥棒は窓から入ってきた。）
I got the report **through** the library.
（私は、図書館を介してそのレポートを入手した。）

〈through〉は、長期間に及ぶ複雑な過程にも用います。

The company has developed many new products **through** joint research with its subsidiaries.
（その会社は子会社との共同研究を通して、多くの新製品を開発した。）
The expansion of the plant will be achieved **through** a three-phase construction program.
（その工場の拡張工事は、3段階の建設計画を経て完成する。）

〈via〉は経由地点や媒介を表わします。

The message was sent **via** his boss.
（そのメッセージは彼の上司を通じて伝達された。）
The car engine is transferred to the testing area **via** a belt conveyor.
（車のエンジンは、ベルトコンベヤーによって実験区域に運ばれる。）

第13章 定義・説明

基本編〕
1. **定義文・説明文……208**
    1 定義文の基本構成……208
    2 説明のバリエーション……209

2. **形容詞を使いこなす……210**
    1 形容詞の順序……210
    2 複合形容詞……211
    3 接尾辞（〈-able〉など）……213
    4 形容詞の役割をする名詞……214

応用編〕
3. **製品説明……214**
    1 製品説明の基本構成……214
    2 仕様表を利用する……216

基本編

1 定義文・説明文

■ 定義文の基本構成

基本となる定義文は、次のような3段階で構成します。

①「対象」を定義する

A dictionary is...
（辞書とは、）

②「対象が所属する母集団」を定義する

A dictionary is a reference book.
（辞書とは、参考書の一種です。）

③「対象の特徴」を定義する

A dictionary is a reference book which explains the meaning of words listed in alphabetical order.
（辞書とは、アルファベット順に並べた言葉の意味を説明する参考書のことです。）

定義文には、関係詞（which、whoなど）や〈with〉で始まる関係節がよく使われます（ただし関係詞を省略することもあります）。

定義パターンの例

対象	対象が所属する母集団	対象の特徴
A table	is a piece of furniture	supported by vertical legs, with a flat horizontal surface.
Cricket	is a game	played with bats and a ball by two teams of eleven players each.
A dictionary	is a reference book	which explains the meaning of words listed in alphabetical order.
A referee	is a person	who administrates in a sporting contest.

2 説明のバリエーション

対象をより詳しく説明する場合は、上記の基本構成にとらわれない、様々な表現方法が可能です。具体的なパターンをいくつか挙げますので、頭に入れておきましょう。

▶用途・機能を説明する

A table is used to place objects on for the purpose of eating.
(テーブルは、食べ物を置く場所として利用される。)

▶概観・メカニズムなどを描写する

Cricket is played with a hard ball, slightly smaller than a baseball, and a bat with a long, narrow handle about 30 cm in length and blade about 10 cm wide, 2 cm thick and 60 cm long.
(クリケットは、野球のボールよりも少し小さく固いボールと、長さ約30cmの細長い持ち手部分と幅10cm、厚さ2cm、長さ60cmのブレード部分からなるバットを使って競技する。)

▶内容を分析する

A dictionary notates the pronunciation of each word, lists the part of speech, states the etymology and identifies the different ways it can be spelt.

(辞書には、各単語の発音・品詞・語源・スペルのバリエーションが記載されている。)

▶ 様々な例を挙げる

There are language, pictorial and scientific dictionaries as well as the general-purpose dictionary.
(辞書には、汎用辞書のほかに、言語辞書、絵入りの辞書、自然科学辞書がある。)

▶ 他の事物と比較する

A table differs from a desk in that the latter is used for the purpose of work or study.
(テーブルは、仕事や学習のために使う机とは異なる。)

▶ 語源を参照して説明する

"Referee" is from the French word "referer," which means to refer to, or to consult.
(「レフリー」という語は、フランス語で「参照する」「相談する」を意味する「referer」からきている。)

●● 2 ●● 形容詞を使いこなす

1 形容詞の順序

　1つの名詞を複数の形容詞で修飾する場合、どのような順序で形容詞を並べようかと悩んだことはありませんか？

順序を決めるポイントの1つは「何を強調したいのか」という点です。たとえば、〈a Japanese wooden box〉と〈a wooden Japanese box〉とでは強調されている内容が異なります。前者は「原産国がどこか」、後者は「箱の素材は何か」に焦点を当てた語順になっています。

形容詞の語順に関する明確な規則はありませんが、一応の目安として次の表を参考にしてください。ただし、前後の文脈や強調箇所に応じて、変えることもできます。

語順	用語例
主観的な描写	convenient, smart, attractive
価格	low-priced, inexpensive
サイズ	8 cm, lightweight, 2 kilo
形	circular, square, cubic
色	silver, blue, gold
様式・スタイル	carved, luminous, hand-made
地域・メーカー	Wedgwood, Swiss, Sony
特色	portable, musical, reversible
素材	wooden, plastic, copper
用途・機能	all-purpose, alarm, kitchen
被修飾語	任意の名詞

それでは、この表の順序に従って、時計を描写してみましょう。

　A smart, inexpensive, lightweight, circular, blue, luminous, Swiss, musical, plastic, alarm clock

これではさすがに長すぎて、被修飾語になかなか辿り着きません。一般的には、次の文くらいが限界です。

　This blue luminous Swiss musical alarm clock is smart and inexpensive. It is lightweight, circular and plastic.
　（この青く光るスイス製のメロディアラーム時計は、センスがよく価格も手頃だ。また、プラスチック製の丸い形で重量も軽い。）

2 複合形容詞

モノの特性を説明する際には、複数の語で構成される「複合形容詞」がよく使われます。
修飾対象を明確にする必要があれば、次のようにハイフンを活用します。ハイフ

ンの有無によって、文の意味が全く異なることもありますので、注意しましょう。

 A small car factory ＝小規模な自動車工場

 A small-car factory ＝小型自動車の工場

複合形容詞を上手に活用すれば、長い節や1つの文全体に相当する内容を簡潔に表現することができます。
ここでは、製品の説明を例に取り、複合形容詞を活用して表現を簡潔にするパターンをいくつか挙げてみましょう。

▶ 特定部分の描写

 A boat with a flat bottom → A **flat-bottomed** boat（平底のボート）
 The pen has a fiber tip → The **fiber-tipped** pen（サインペン）

▶ 関係節を用いた、製造の時期・状況・場所に関する描写

 Nylon thread which was dyed when cold ... → **Cold-dyed** nylon thread ...
  （低温染色のナイロン繊維）

 A compound whose properties have been tested in a laboratory ...
  → A **laboratory-tested** compound
  （臨床検査済み化合物）

▶ 製造の様式・手法に関する描写

 The leather bag was made by hand. → The **hand-made** leather bag ...（手製の革バッグ）
 A plastic bowl formed in an injection molding machine ...
  → An **injection-molded** plastic bowl ...
  （射出成型されたプラスチックボール）

▶ 品質や特性を強調する場合

 A dish made to resist high temperatures ... → A **heat-proof** dish ...（耐熱皿）
 A surface treated so that it is easy to clean ... → An **easy-to-clean** surface ...
  （掃除しやすい表面）

3 接尾辞（〈-able〉など）

〈-ible〉や〈-able〉などの接尾辞が付いた語は〈able to be（～できる）〉というニュアンスを持ち、モノの特性を描写する際になかなか便利です。主な例をいくつか挙げてみましょう。

  a **collaps*ible*** umbrella （折りたたみ式〔折りたためる〕傘）
  a **break*able*** object   （壊れやすい物）

  a **port*able*** computer （携帯用〔持ち運ぶことができる〕コンピュータ）
  a **wash*able*** sweater （水洗い可能なセーター）

〈-ing〉の形をとる形容詞や〈-ic〉で終わる形容詞も同じように活用できます。
  a **revolv*ing*** door   （回転〔式〕ドア）
  a fully **automa*tic*** camera （全自動カメラ）

4 形容詞の役割をする名詞

名詞が名詞を修飾する、つまり名詞が形容詞の役割を果たすこともあります。これは、主に次のような場合にみられる用法です。

▶ 目的・用途を示す場合
 pencil case（ペンケース）= a case for carrying pens and pencils

▶ 原材料を示す場合
 plastic tubing（プラスチック製チューブ）= tubing made of plastic

▶ 何かの一部分であることを示す場合
 pen top（ペン先）= the top of a pen

> 応用編

● ● 3 ● ● 製品説明

ここでは、定義・説明の応用編として、具体的な製品の説明テクニックを説明します。

■ 製品説明の基本構成

製品の説明は、次のような3つの要素で構成されます。この構成方法は、シャープペンシルから人工心臓まで、どのような製品を説明する場合にも使うことができます。ただし、強調する点や描写の順序は臨機応変に変えてください。
ここでは、ボールペンを例に挙げて説明します。

Step 1 ▶ 製品を定義する
まずは、機能や特徴を中心に、対象製品を定義します。
下記の例では、単なる機能の説明のみにとどめていますが、特色がある場合はこの部分で説明します。

　A ballpoint pen is a pen with a ball at the end that rolls thick ink onto the paper.
　（ボールペンは、先端にボールのついたペンで、このボールが粘度の高いインクを紙の上に転写します。）

Step 2 ▶ 製品の概要を説明する
次に、サイズ・形・重量・材料などの概要について説明します。読み手が対象物を「視覚的に」「具体的に」捉えることができるように表現するのがポイントです。

A ballpoint pen consists of a case, a small rolling ball, a socket and a reservoir.
(ケース・小さな回転ボール・ソケット・インク筒から成っています。)

It is 8 mm wide, 15 cm long, and weighs 7 grams. It is long and thin with a multi-sided cylindrical shape.
(幅8mm、長さ15cm、重さ7gで、多面体の細長い筒型です。)

Step 3 ▶ 部分・詳細を説明する

最後に、部分・詳細に関してさらに説明を加えます。この際には、次のいずれかの順序に沿って説明を進めるとよいでしょう。
①目の動きにあわせて、左→右へ移動しながら説明する
②概要→詳細、大→小、重要度の高いもの→低いもの、の順に説明する
③部品の組み立て順序に従って説明する

ボールペンの例では、ケース→ソケット→ボール→インクの順に説明しています。

- The case is made of plastic; it holds the socket the ball and the reservoir.
- The socket is made of metal and holds the ball.
- The ball is made of steel and is usually about 1mm in diameter. It has two functions: when the pen is in use, the ball draws the ink down the reservoir to the writing surface; when the pen is not in use the ball is stationary, preventing the ink from drying out.
- The reservoir is made of plastic. It holds the ink.
- The ink is a sticky liquid containing dye.

13 定義・説明

2 仕様表を利用する

下記のような仕様表を用いて、情報を整理する方法もあります。読み手が必要とする情報だけを簡潔にまとめることで、無駄なく迅速な理解を得ることができます。

Name / type of device（商品名）	Quartz Clock
Dimensions（サイズ）	length: 15 cm height: 10 cm width: 7 cm
Shape（形）	rectangular with a square face
Color（色）	black front and gray body
Material（素材）	durable plastic
Parts（部品）	white, glass-covered clock face; removable rear plate; alarm switch
Weight（重量）	370 g
Accuracy（精度）	±2 seconds per month
Power supply（電源）	one 1.5-volt battery
Brand（ブランド）	Keinzel
Country of manufacture（原産国）	Germany

参考：上記の表は、下記のように文章でも表現できますが、かなり冗長になります。

　This is a quartz clock.（商品名）
　It has a height of 10 cm, a length of 15 cm and a width of 7 cm.（サイズ）

It is rectangular with a square face.（形）
It has a black front and a gray body.（色）
It is made of durable plastic.（素材）
It has a white, glass-covered clock face, with a removable rear plate and alarm switch.（部品）
It weighs 370 g.（重量）
It is accurate to plus or minus two seconds per month.（精度）
It is powered by a 1.5-volt battery.（電源）
It is manufactured by Keinzel of Germany.（ブランド・原産国）

第2部

間違えやすい表現・用語

第 1 章
間違えやすい英語表現

1. other / another……222

2. 否定詞＋〈all / every / each / any〉……224

3. both……226

4. hardly / scarcely / barely / seldom / rarely……227

5. could……228

6. possible……231

7. respectively……233

8. number……234

9. made＋〈of / from / with / by〉……237

10. by / until……238

other / another

この2語は、「ほか（の）」「別（の）」「もうひとつ（の）」など、ものごとを相対的に示すときに用いる表現です。

❶一般的用法

▶ other / some other
〈other〉は形容詞（付属語）として名詞の複数形または不可算名詞の前に置きます。「ほかのもの」「別のもの」などの意で〈other〉を代名詞（自立語）として用いることは原則としてできません。

▶ another
代名詞（自立語）と形容詞（付属語）のどちらにも、用いることができます。
〈another〉は、「(an / one)＋ other」を、書き慣わした表現なので、名詞の複数形を修飾したり、〈the（定冠詞）〉を前に付けたりすることはできません。形容詞〈another〉は、文中の「どれ」を指しているのかを、特定しなくてもよい場合に用います。

▶ the other
代名詞（自立語）と形容詞（付属語）のどちらにも、用いることができます。
〈the other〉は常に、何かを列挙したうち「最後」のものに対して、用いられます。
〈the other〉が文中の「どれ」を指しているのかは、はっきり特定されます。

▶ others / the others
これらには代名詞の用法しかないので、名詞の修飾には使えません。〈others〉は不特定かつ複数の語句を表わします。〈the others〉は、特定される複数の語句〈the other ones〉を表わします。

それでは次の例文で、各表現の使い分けを確認してみましょう。

I have three pens. One pen is blue, **another** pen is green, and **the other** one is red. The blue one writes well, but **the others** do not.
（私はペンを3本持っている。1本は青、もう1本は緑、残りの1本は赤だ。青ペンはよく書けるが、あとのものは書き味が悪い。）

There were nine men in the club. Two of them liked fishing, two **others** played tennis, and **another** was a golfer. **Another** man said he preferred eating and drinking, but **the other** three men, who were all baseballers, laughed and said that he was just lazy! The bon vivant reacted vigorously, accusing all **the others** of "running away from the best things in life."
(そのクラブには9人の男性がいた。2人は釣り、2人はテニス、1人はゴルフを好んだ。1人はグルメを自称していたが、残りの3人〔野球好き〕からは、「単なるぐうたらだ」と言われていた。この美食家は「他の人は皆人生最大の悦びを逃している」とむきになって反論した。)

Others may disagree, but I think it is healthy to travel occasionally in order to see **other** activities.
(他の人たちとは意見が違うかもしれないが、他人の営みに目を向けるために、時折旅行するのは健全なことだと私は思う。)

He had a hat in one hand and a rabbit in **the other**.
(彼は片手に帽子、もう一方の手にウサギを抱えていた。)

❷例外的用法
▶another + 複数形
文脈によっては、名詞の複数形を〈another〉で修飾することがあります。この「another + 複数形」は、いくつかの語句を「ひとまとまり」とみなし、次の例文のように特定しなくてもよい語句を述べる場合に用います。

There are five trees in front of the house, and **another five trees** at the back. **Another three** stand some distance away to the right.
(家の表には5本、裏にもう5本の木がある。あとの3本は少し右手にある。)

▶other than
〈apart from〉と同義で、「～のほかに、～を除いて」などと訳します。

▶something other / nothing other
それぞれ〈something else〉〈nothing else〉と同義ですが、やや古めかしい表現で、あまり使われません。

▶ the other day

「それほど前ではない（不特定の）ある日」を意味する口語表現で、「先日」などと訳します。

2 否定詞＋〈all/every/each/any〉

まずは、明解な英文を心掛けるためのポイントを頭に入れましょう。
述語動詞が否定形の場合は、〈all〉〈every〉〈each〉を主語にしない（付けない）。もちろん、こうした表現を、ネイティブ・スピーカーが全く使わないわけではありません（口語ではよく使われます）。しかし、文脈がはっきりしていない限り、解釈の混乱を招いてしまいます。

▶ not ＋ all

まずは、以下の例文を見てみましょう。

　All the members who came from Kyushu did **not** attend the meeting.

この例文では、次のような2通りの解釈ができます。
　（メンバーの全員でなく一部が出席した。）
　（メンバー全員が欠席した。）

そのため、文意を明瞭にするためには次のように改良する必要があります。

メンバーの一部が出席した場合

　Not all of the members who came from Kyushu attended the meeting.
　Some of the members who came from Kyushu did not attend the meeting.
　Only a few of the members who came from Kyushu attended the meeting.

☞ ここがポイント!!
副詞〈only（わずか）〉は、客観性に欠ける表現とも言えるため、文脈によっては使わないほうが無難です。

メンバー全員が欠席した場合

　None of the members who came from Kyushu attended the meeting.

▶ **not ＋ every / each**

次に、〈every〉〈each〉を使った例文を見てみましょう。

Everyone did not think so.
Each person did not think so.

ここでも「一部」が「そう思った」のか、それとも「全員」が「そうは思わなかった」のか、はっきりしません。
文意を明確にするためには、次のように書き換える必要があります。

一部がそう思った場合

Not everyone thought so.（〈Not each person〉という表現は使いません）
Some people did not think so.
(Only) Some people thought so.

全員がそうは思わなかった場合

No one (Nobody) thought so.

▶ **not ＋ any**

〈all〉〈every〉〈each〉と同様、否定詞の前に〈any〉を置くのも、間違った用法です。否定文中で〈any〉を用いる場合は、必ず否定詞の後に来ます。また、否定詞＋〈any〉を〈no〉で言い換えることもあります。

× **Any**body is **not** there.
○ There is **not any**body there.
○ There is **no**body there.

▶ **never**

副詞〈never〉を使う際も、〈not〉と同様に意味合いが曖昧にならないよう、注意する必要があります。

× **All** of the members who come from Kyushu **never** attend the meeting.
○ None of the Kyushu members **ever** attend the meeting.

☞ここがポイント!!　まとめ

＊否定文では、〈all〉〈every〉〈any〉〈always〉を否定詞の後に置く
＊「否定詞 ＋〈all / every / any / always〉」は文脈に応じて〈no〉〈never〉等の表現に置き換える

3 both

〈both〉は、「共通性を持つ2つのもの」を指す語です。形容詞、代名詞、接続詞の用法がありますが、常に強調表現として用います。

▶〈both〉は「共通性」を強調する

〈both〉は、2つのものの共通性を強調する場合に用います。たとえば、〈both of them went〉という文では、2人が〈went〉という「同じ動作」を行なったことになります。また、〈He speaks both Chinese and English.〉という文の場合は、「彼」が、中国語と英語という2つの言語について、「同様に」会話能力を持っていることが強調されます。

この発想を理解すると、たとえば〈the difference between both people〉という表現は、おかしいということがわかります。なぜなら、〈difference（違い）〉という語は、「共通」の概念に矛盾するものだからです。この文の場合、2つの〈people〉を「ひとまとめではなく、それぞれ別のもの」として扱うのなら、〈both〉を〈the (two)〉に置き換える必要があります。

　Both Canada and India have the Westminster-type parliamentary system.
　（カナダとインドの議会制度はどちらも英国式である。）

▶〈both〉と〈each〉を混同しない

複数のものを、（ひとまとめではなく）個々にとらえるのが、〈each〉の考え方です。〈both〉と〈each〉を混同しないよう、注意しましょう。

　He carried a stick in **both** hands.
　（彼は、1本の棒を両手で持っていた。）

この文は、〈stick（棒）〉が1本だけあって、一方の端を右手、もう一方を左手で持っている状態を表わしています。それでは、〈both〉を〈each〉に置き換えてみると、どうでしょう。

　He carried a stick in **each** hand.
　（彼は、片手に1本ずつ棒を持っていた。）

この文の場合、棒は2本で、右手と左手に1本ずつ持っていることになります。

以上2つの例文からもわかるように、〈both〉が複数形に用いられるのに対して、〈each〉は常に単数形をとります。

4　hardly / scarcely / barely / seldom / rarely

▶ **hardly / scarcely / barely**

〈hardly〉〈scarcely〉〈barely〉は否定に近い表現で、「ほとんど～ない」という意味を表わします。
また、これらは形容詞ではなく〈almost〉などと同じ副詞ですので、〈I have hardly money.〉というように名詞を直接修飾することはできません。
これらの副詞は、時間・量・数字の概念を含まず、単に「ほとんど～ない」という意味を表わします。そのため、時間の概念を表わす場合には〈ever〉を、量や数字の概念を表わす場合には〈any〉を後ろに加えます。

> I have **hardly (scarcely / barely) any** money (**at all**).
> （私はほとんどお金を持っていない。）
> It is **hardly ever** warm on the slopes of Mount Everest.
> （エベレスト山の斜面では、気候が暖かくなることはめったにない。）
> **Hardly any**one apart from the members of the military government enjoyed the period of military rule.
> （軍事政権のメンバー以外に、その軍政時代を謳歌している者はほとんどいなかった。）

これらの副詞は動詞を修飾することも可能です。「ほとんど～ない」「かろうじて」という意味を表わします。

> It was easy to recognize you; you have **hardly** changed (at all) since we last met ten years ago.
> （君を見つけるのは簡単だった。君は前に会った時からほとんど変わらないからね。）
> The peace treaty has **hardly** just been signed. It is impossible to tell yet if it will be successful or not.
> （平和条約はかろうじて署名にこぎつけたが、首尾よくいくかどうかは定かでない。）

▶ **seldom / rarely**
〈seldom〉や〈rarely〉は時間に関する表現で、〈hardly ever〉と同義です。
　It is **seldom / rarely** warm on the slopes of Mount Everest.
　（エベレスト山の斜面では、気候が暖かくなることはめったにない。）

5 could

❶一般的用法
「〈could〉＋動詞」は、未来または現在の状況について、主に次のような意味を表わします。

▶ **〜かもしれない**（＝ might / is just possible）
はっきりした裏付けのない、未来の可能性を表わします。
　An earthquake **could** even occur tonight.
　（地震が今夜起きないとも限らない。）

▶ **〜だろうに**（＝ would be able to）：仮定法
主節において、事実に反する帰結を表わします。過去の事実に反する帰結を表わす場合は〈could have〉を用います。
　If I didn't have to earn my living, I **could** travel around the world.
　（生活費を稼ぐ必要が無ければ、世界中を旅して回れたのに。）
　What you did was dangerous — you **could** have been killed!
　（君のやったことは危険だ。殺されていたかもしれないよ。）
　If I hadn't been busy, I **could** have helped you.
　（忙しくなかったら、貴方の手伝いができたのに。）

ここがポイント!!
ただし、〈They looked for a place where they could rest.〉のように、時制の一致で〈could〉を用いた場合は、単純過去を表わします。

▶ **〜できれば**（＝ were able to）：仮定法
〈if〉を用いた従属節において、事実に反する仮定を表わします。過去の事実に反

する仮定を表わす場合は〈could have〉を用います。

　If only he **could** do that, he would be happy.
　（彼は、それさえできれば幸せになれるのに。）
　If I **could** have helped you, we might have finished in time.
　（私が貴方に手を貸すことができたら、時間内に仕上がっていたかもしれない。）

❷注意すべきポイント

文法書のなかには、助動詞〈could〉を「可能・能力の助動詞〈can〉の過去形」とだけ説明しているものがあります。ところが、ネイティブは「～することができた」という意味で〈could〉を使うことは、あまり多くありません。
ネイティブが「～することができた」と表現する場合、可能のニュアンスは無視して、本動詞の過去形だけで表わすことがほとんどです。一般的な英語の発想では、「何を達成したか」という事実が、達成するための能力よりも重視されるからです。
また「できるかどうか疑わしいと思われたこと」が「できた」場合は、〈could〉よりも〈was/were able to〉を用います。
たとえば、ネイティブが「彼は何かをすることができた。」という意味を表わすのに、〈He could do something.〉と表現することは、まずありません。〈He was able to do it.〉という言い方ならできますが、通常は単に〈He did it.〉と表現します。

ただし、次のような場合には、〈could〉を〈can〉の過去形として解釈します。
①〈could not〉で過去における可能性・能力の欠如を示す場合
〈could〉は、（肯定表現よりも）否定形〈could not〉として多用される傾向があります。何かが「できなかった」ときは、過去における可能性・能力の欠如や不足について、わざわざ述べる必然性が出てくるからです。（何かが「できた」場合、その可能性・能力があったことは言うまでもありません。）

　Three people **could not** pass the test.
　（3人は、その試験に合格することができなかった。）
　The truck **could not** climb the slope as it was overloaded.
　（そのトラックは、荷物を積みすぎていたために、その斜面を登ることができなかった。）
　I **could not** find my hat.
　（私は、自分の帽子を見つけることができなかった。）

②過去において、何らかの能力（技能）を持っていたことを示す場合

ここでいう「能力」とは、長期的に保持されるものを指します（「何かの試験や試合で、能力が発揮できた」という場合は、単発性の能力を意味するので、長期的とは言えません）。

He **could** (already) read when he was five years old.
（彼は、5歳の頃にはすでに読むことができた。）

At school I **could** always pass mathematics and science examinations easily, so I became a scientist.
（学生時代、私は数学と科学の試験にはいつも楽々と合格することができたので、科学者になった。）

The first computers **could** perform only a comparatively limited range of operations.
（初期のコンピュータは、比較的限られた範囲の処理しか実行できなかった。）

③知覚や認識を表わす本動詞に付く場合

(〈understand〉〈see〉〈perceive〉〈hear〉〈feel〉など、ただし〈listen〉〈notice〉などは例外。)

特に、「騒音で電話の声が聞こえにくかった」など、何らかの障害があって、知覚・認識が困難であった状況によく用います。

I **could** just **see** him through the mist.
（私には、霧を通して彼の姿だけが見えた。）

Anne **could understand** very well how her sister felt.
（アンには、妹がどう感じているのかがよくわかった。）

She **could sense** a strange atmosphere in the room.
（彼女は、その部屋の奇妙な雰囲気に気付いた。）

④文中で述べられている能力が、過去には存在したが現在は失われている場合

He **could** speak English as a child in America, but now he has almost forgotten it.
（彼はアメリカで過ごした子供の頃には英語を話すことができたが、いまではすっかり忘れてしまった。）

When I was at university, I **could** finish a bowl of ramen in less than a minute, but it would give me bad indigestion now!
（大学時代、私は1杯のラーメンを1分足らずで平らげることができたが、今そんなことをしたら消化不良を起こすだろうな。）

For many years, Britain **could** boast, "The sun never sets on the British Empire," but those days are long past.

（イギリスは長年に亘り「大英帝国に日の沈むことなし」と誇ってきたが、それも遠い過去になった。）

⑤過去の一定期間、何かを許可されていたことを表わす場合
（その場1回限りの許可は該当しない。）

One **could** do that last year, but now it is against the law.
（去年は可能だったが、いまでは違法行為だ。）

The children were happy to be given their own room, because they **could** make it as untidy as they liked.
（子供たちは子供部屋をもらって喜んだ。部屋を好きなだけ散らかすことができたからだ。）

The prisoners **could** leave their cells only once each day.
（受刑者たちは、1日に1回だけ独房から出ることができた。）

☞ここがポイント!!
* 上記①～④の〈could〉は、いずれも〈was/were able to〉に置き換えることができます。
* 例文からも分かる通り、助動詞〈could〉は、その場限りの能力の発揮ではなく、一定期間にわたって能力が持続したことを表わします。一方、〈was/were able to〉については、単発性・持続性いずれの能力についても使用可能です。
* 無生物主語の表現では、受動態の場合を除いて、「～することができた」という意味での〈could〉はめったに用いません。そのため、無生物主語を多用するフォーマルな文書（論文など）に出てくる〈could〉は可能性・仮定を表わすことが多いようです。

6 possible

〈possible〉は「～が可能である」という意味を表わす形容詞で、対義語は〈impossible〉です。（副詞形は〈possibly〉と〈impossibly〉ですが、〈impossibly〉はほとんど使われません。）

❶一般的用法

▶ **as 〜 as possible / as 〜 as one can** =「できるだけ〜」
(〜には「形容詞／副詞／形容詞＋名詞」が入る。)

 Study **as** diligently **as possible**.
       as you can.
 (できるだけ一生懸命勉強しなさい。)
 He took **as** short a time **as possible**.
        as he could.
 (彼はできるだけ時間を短縮した。)
 →不定冠詞〈a〉の位置に注意してください。
 He carried **as** many (books) **as possible**.
        as he could.
 (彼はできるだけたくさん〔の本〕を運んだ。)
 She spoke to **as** few people **as possible**.
        as she could.
 (彼女はできるだけ人と話をしないようにしていた。)

☞ここがポイント!!

＊〈as possible as one can〉とするのは誤りです。
＊〈as 〜 as one can〉という文を強調する場合は、〈as 〜 as one possibly can〉とします。

 Run **as** fast **as you can**.
 (できるだけ速く走りなさい。)
 Run **as** fast **as you possibly can**.
 (できる限り速く走りなさい。)

▶ **It is possible to 〜** =「〜することができる」

 It is possible (for anyone) **to** buy foreign wine in Tokyo.
 (東京では、〔誰でも〕海外のワインを購入することができる。)
 It is possible (for anyone) **to** live happily.
 (誰でも幸せに生きることができる。)
 It is possible for you **to** progress in English provided that you study correctly.
 (正しい学習法を実践すれば、君は英語力を向上させることができる。)

☞ここがポイント!!

〈possible〉を用いた表現の多くは、可能性を表わす助動詞〈can〉や〈may〉を用いて言い換えることができます。

　It is **possible** for him to come. ＝ He **can** come.

　It is **possible** that he will come. ＝ He **may** come.

▶ ～ **is possible**：「～があり得る」「～の可能性がある」

　That **is possible**. ＝ That can be done. / That may happen.
　（それは可能だ。）
　Rain **is possible**. ＝ Rain may fall.
　（雨が降る可能性がある。）

❷その他の使い方

〈possible〉は名詞を直接修飾して、「あり得る」「受け入れられる」「候補として適している」という意味合いを表わすこともあります。

　That is a **possible** result. ＝ That result may occur.
　（そのような結果になることもあり得る。）

　That is a **possible** answer. ＝ That answer is acceptable (reasonable / satisfactory).
　（それは満足できる回答である。）

　He is the only **possible** man for the job. ＝ He is the only man who is acceptable (satisfactory) for the job.
　（この任務の候補者〔適任者〕は彼だけだ。）

7　respectively

主に、複数のものを対応させて列挙するとき、個々の対応関係をわかりやすくするために用います。誤用されやすい語ですので、使用は必要最小限にとどめ、「〈respectively〉を使わなければ簡潔に内容を伝えられない」という場合にだけ用いましょう。

▶ 必ずしも〈respectively〉を用いる必要がない場合

文脈によっては〈respectively〉を用いることで、かえってわかりにくくなること

もあります。

He and I ate meat and fish and drank beer and wine, **respectively**.
（彼は肉料理とビールを、私は魚料理とワインを口にした。）
→「彼と私の2人が揃って肉・魚・ビール・ワインを口にした」という意味ではないことに注意しましょう。

A son and a daughter were born to the two sisters, **respectively**.
（姉妹の1人は息子を、もう1人は娘を産んだ。）

上記の2例とも文法的には正しいのですが、少々わかりにくく、あまり良い文とはいえません。〈respectively〉を使わずに次のように言い換えたほうが、文意がより明快になります。

He ate meat and drank beer and I had fish and wine.
One sister had a son, the other, a daughter.

▶〈respectively〉が効力を発揮する場合

対象項目が主語ではなく目的語である場合、あるいは従属句／節に入っている場合には、〈respectively〉を用いることですっきりした文章になります。

Training colleges for men and women are being built at Yokota and Kamakura, **respectively**.
（男性向けの教員養成大学が横田に、女性向けの教員養成大学が鎌倉に建設中である。）

8 number

〈number〉は、「数値」「番号」「群」などを意味しますが、ニュアンスの違いをきちんと理解し、単数・複数の扱いに注意する必要があります。

▶「数値」をあらわす〈number〉

〈number〉が、「数値（あるものがいくつあるか）」を意味する場合は、単数として扱います。一方で、〈the number of ～〉の～部分は必ず複数形をとります。これは、リンゴの個数が3つ（複数）だとしても、3という「数値」は1つだけ

（単数）であるからです。
次の例文を見てみましょう。

 The number of accidents has decreased recently.
 （事故件数は最近減少してきている。）
 →「事故件数」は単数扱い、〈the number of〉の後は複数形〈accident**s**〉
 The number of children in the school is 430.
 （その学校の生徒数は430人である。）
 →「生徒数」は単数扱い、〈the number of〉の後は複数形（child**ren**）

ただし、いくつもの「数値」について述べる場合もあります。たとえば、図書館で、分野別の書籍数を調べている場合には、次のような文も成立します。

 The numbers of books in the various sections are as follows: History Section, 806; Art Section, 942; Fiction Section, 3711; etc.
 （分野別の書籍数は次の通り：歴史分野806冊、芸術分野942冊、フィクション3,711冊など。）
 →「分野別の書籍数」は複数扱い、〈the number**s** of〉の後も複数形〈book**s**〉

このように、限られた特殊な状況においては、「数値」の〈number〉が複数形をとることもあります。
（ただし、例文の場合、分野別の書籍数は「1分野に対して1つ」とも考えられるので、〈The number ～ is …〉と、単数形にすることも可能です。また、〈in the various sections〉を、〈in each section〉に置き換えた場合、〈each〉は単数形しかとらないため、必然的に、〈number〉も単数形に直さなければいけません。）

▶「番号」をあらわす〈number〉

〈the number of ～〉の〈number〉が「番号」を意味する場合、「～」部分は単数形をとり、限定詞（a, the, his, John'sなど）が付きます。一方、「数値」を表わす場合は、限定詞を付けずに、〈number of ～〉とするのが一般的です。

 The (registration) **number of** this car is ABC-1234.
 （この車の登録番号は「ABC-1234」である。）
 →〈The number of〉の後ろは、限定詞付きの単数形〈the car〉
 The numbers of my PC are C400 (model number), and 8077.4039881 (manufacturer's machine number).
 （私のパソコンの型番はC400、製造番号は8077.4039881である。）
 →〈The numbers of〉の後ろは、限定詞付きの単数形〈my PC〉

1 間違えやすい英語表現

▶「群／一群／いくつかの／多数の／多くの」などを意味する〈number〉

単数形〈a (large / small) number of〉であれ、複数形〈(great) numbers of〉であれ、呼応する動詞は必ず複数形です。
〈a number of〉は、文脈によって「いくつかの」または「多くの」という意味を表わします。
「非常に多数」であることを表わす場合は、〈(great) numbers of〉を使います。

▶単数扱いか、複数扱いか

〈number〉(単数形) が主語の場合

文脈上の意味によって、単数・複数いずれとも見なされます。主語の〈number〉が、「数値」や「番号」を表わす場合、述語動詞は単数形となりますが、「多くの」「いくつかの」の意味で用いる場合には、複数形の動詞で受けます。

The number of this model is 14.
（このモデルの番号は14番である。）
→「番号」は単数形で受ける

A number of books have been lost.
=Some/Many books have been lost.
（多くの〔何冊かの〕書物がなくなっている。）
→「多くの」「いくつかの」は複数形で受ける

〈numbers〉(複数形) が主語の場合

どのような意味で用いられているかに拘わらず、呼応する述語は常に複数形になります。

The numbers of people in the offices are: 23 at the head office and 14 at the branch office.
（拠点別在籍数は、本部が23人、支店が14人である。）

The numbers of the most useful chapters in the book are 2, 7, 9, and 10.
（この本の中で特に有益なのは、2章、7章、9章、10章である。）

Numbers of people from all over the country are coming to the conference.
（世界各国から多数の人々がその会議に出席することになっている。）

9　made +〈of / from / with / by〉

「〈made〉＋前置詞」にはいくつかのバリエーションがあります。いずれも便利で使用頻度も高いので、それぞれの意味・用法・特徴を、きちんと区別する必要があります。

▶**made of ～**（〔材料〕で作られた）
　made from ～（〔原料〕から作られた）
製造後も材料の質が変わらない場合には〈made of〉、材料の質が変わり、原型をとどめていない場合には〈made from〉を用います。

　A newspaper is **made of** paper, but it is **made from** wood.
　（新聞は紙でできており、その紙は木材から作られる。）

　These chopsticks are **made of** wood.
　（この箸は木製である。）

もっとも、〈made of〉と〈made from〉の区別は、常に厳守されているとは言えません。この原則に当てはまらない英文も、実際には存在します。

▶**made with ～**（〔道具〕を使って作られた）
〈made with ～〉は、道具やなくてはならない構成要素（部品など）に関して用います。

　This wooden handle is **made with** a knife.
　（この木製の持ち手は、ナイフを使って作られている。）

　Cakes are **made with** butter.
　（ケーキはバターを使って作る。）

▶**made by ～**（〔製造者・作成者〕によって作られた）
製造者・作成者（組織や個人など）に焦点を当てた表現です。

　A car **made by** Toyota
　（トヨタ〔製の〕車）

　A dress **made by** my wife
　（妻手製のドレス）

▶ **made in ~**（〔場所〕で作られた／〔属性〕がある）

作られた場所に焦点を当てた表現ですが、属性（サイズ・形・色など）についても〈made in〉で表現することがあります。

My camera was **made in** Japan.
（私のカメラは日本製だ。）

These slippers are **made in** two sizes, large and small; **in** two shapes, narrow and wide; and **in** three colors, red, white and blue.
（このスリッパには、2サイズ〔大・小〕、2種類の形〔スリム幅・ワイド幅〕、3色〔赤・白・青〕がある。）

以上のような例以外にも、〈made for〉など「〈made〉＋前置詞」の用法には様々なバリエーションがあります。時間のあるときに辞書をじっくり引いてみましょう。

10 by / until

日本人の英文には、〈by〉と〈until〉を混同した時間表現がよく見られます。辞書を引くと、「by＝までに」「until＝までずっと」と書かれており、その使い分けは一見とても簡単に見えます。ところが実際の日本語には、この2つ以外に様々な言い回しが存在しているため、正確に使い分けるのは意外に困難です。
ここではこの2語について、意味と構文という2つの観点からみてみましょう。

▶ **by**（＝not later than / before or at）

「ある時点より遅くない」「ある時点、またはそれ以前に」という意味を表わします。

The work will be finished **by** 5 p.m.
（この仕事は5時までに終わるだろう。）
→「5時より前に終わるか、5時ちょうどに終わるかもしれないが、5時より遅くなることはない」という意味です。

▶ **until**（＝continuing, but stopping at）

「ある時点まで継続している」という意味を表わします。

He watched the game **until** the end.
（彼はその試合を最後までずっと観戦した。）
He waited there **until** 6 p.m.
（彼は午後6時までずっとそこで待っていた。）

〈until〉を使う場合には、動詞の種類にも注意しなければなりません。〈watch〉や〈wait〉などの動詞を〈until〉とペアで用いると、一定時間に渡る継続動作を表わします。一方、〈by〉が継続を表わすことは決してありません。

▶〈by〉を使うか〈until〉を使うかによって、同じ構文でも意味が変わる

I will be at the restaurant **by** 7 p.m.
（私は、午後7時までにはレストランにいる予定だ。）
I will be at the restaurant **until** 7 p.m.
（私は、午後7時までずっとレストランにいる予定だ。）

〈by〉を用いた場合は、7時ちょうどかそれ以前に到着することを表わしますが、〈until〉を用いた場合は、7時にレストランを出るつもりであることを表わしています。

▶接続詞・接続句としての用法

本来、〈by〉と〈until〉は前置詞ですが、〈until〉は接続詞としても使うことができます。

He watched the game **until** the end.　←前置詞の〈until〉
He stayed **until** the game finished.　←接続詞の〈until〉
（彼はその試合を最後までずっと観戦した。）

〈by〉単独では前置詞の機能しか持ちませんが、〈by the time (that)〉とすれば、接続句になります。

By the time you arrive, I will have prepared for the meeting.
（君が到着するまでに、会議の準備を終えておくつもりだ。）

▶till

〈till〉は〈until〉の口語表現です。フォーマルな文章では〈till〉を使わないほうがよいでしょう。

第 2 章
間違えやすい日本語表現

1. 「ほとんど」……242

2. 「あまり〜ない」……243

3. 「〜(し)やすい」「〜(し)にくい」……244

4. 「〜しなければならない」「〜すべきだ」……246

5. カタカナ……248

6. 「以上」「以下」……249

1 「ほとんど」

「ほとんど」という語は〈almost〉と訳すのが一般的ですが、ほかの語を使ったほうがさらに自然な表現になる場合もあります。
ここでは、ニュアンスの違いに応じた訳し方を3通り紹介します。

▶「ほとんどない」という意味を表わす場合：〈almost〉＋否定詞

観客席にはほとんど誰もいなかった。
There are **almost** no people in the auditorium.
The auditorium is **almost** empty.

事故が起こる可能性はほとんどない。
There is **almost** no chance of an accident occurring.
The chance of an accident occurring is **almost** nil.

ここがポイント!!
〈almost〉が形容詞の前にある場合は、〈virtually〉に置きかえても意味はまったく変わりません。

▶「大多数の」という意味を表わす場合：〈most of / almost all of / nearly all of〉

会議の出席者は、ほとんどがヨーロッパから参加していた。
Most (of the) conference participants were from Europe.
Almost all (of) the conference participants were from Europe.
Nearly all (of) the conference participants were from Europe.

ここがポイント!!
〈almost〉や〈nearly〉が名詞の前にくる場合には、〈all〉を抜くことはできません。

▶「あやうく〜しそうになる」という意味を表わす場合：副詞〈almost〉

彼はほとんど営業会議を忘れるところだった。
He **almost** forgot the sales meeting.

そのタンカーは客船にほとんど衝突するところだった。

The tanker **nearly** collided with the passenger ferry.

> 🖝 ここがポイント!!

この用法では、〈almost〉と〈nearly〉は必ず動詞の直前に置きます。

●●2●● 「あまり〜ない」

「あまり〜ない」という表現を英訳する場合は、主に次のようなパターンがあります。

▶「**数量が多くない**」ことを表わす場合：〈not many / not much〉
あまり違いはない。
There is **not much** difference.

▶「**程度が著しくない**」ことを表わす場合：〈not very / not particularly〉
沖縄の冬はあまり寒くない。
Winter in Okinawa is **not particularly** cold.

▶「**限度・制限を超すほどではない**」ことを表わす場合：〈not too〉
あまり大きくないから、引き出しに入る。
It will go into the drawer, because it is **not too** large.

ペダルをあまり踏まないように。
Do **not** press the pedal **too** hard.（あまり「強く」踏まないように。）
Do **not** press the pedal **too** often.（あまり「何度も」踏まないように。）

「あまり〜ない」という日本語は、文脈によって色々な意味合いを持つので、上記のほかにも、さまざまな英訳が可能です。
たとえば、「助かる望みはあまりない」の英訳としては、〈There is little hope of being saved.〉などが考えられます（和英辞典などで、色々な訳例を見てみましょう）。

👉ここがポイント!!

〈not so 〜〉や〈not such 〜〉は、何らかの対象と比較して「そんなに〜ない」「さほど〜ない」という意味になり、日本語の「あまり〜ない」という概念とは別物です。あらたまった文章では、「あまり〜ない」という意味で〈not so 〜〉や〈not such 〜〉を用いないようにしてください（口語表現ではこの限りではありません）。

●●3●● 「〜（し）やすい」「〜（し）にくい」

「〜（し）やすい」「〜（し）にくい」は、よく使われる日本語表現です。主な英訳パターンを頭に入れておきましょう。

▶基本パターン

「〜」にあたる動詞が、他動詞の能動態である場合の基本的な表現です。このパターンでは〈to〉の後ろに自動詞・受動態を持ってきてはいけません。

　この機器は手入れが簡単だ。

　① This machine is **easy to** maintain.
　② It is **easy to** maintain this machine.

①では、〈This machine〉が本動詞〈is〉の文法上の主語であると同時に、付帯動詞〈maintain〉の意味上の目的語になっています。
②では、〈this machine〉が文法上も意味上も、〈maintain〉の目的語になっています。

▶その他、英訳のバリエーション

次は、品詞や態ごとに英訳のバリエーションをご紹介します。

他動詞（能動態）

　その仕事はやりやすい（簡単にできる）。

　That work is **easy/simple to** do.
　That work is **easily** done.
　That work is **easy**.

It is **easy to** do that work.

彼の字は読みやすい。
His handwriting is **easy to** read.
It is **easy to** read his handwriting.

古いペンは書きにくい。
Old pens are **difficult to** write with.

それは変えやすい。
That is **easy to** change.
That can be changed **easily**.

自動詞

鉄は錆びやすい。
Iron rusts **easily**.
Iron **is liable to** rust.

こんな問題が試験に出やすい。
Such questions **are likely to** appear in examinations.

天気が変わりやすい。
The weather is **changeable / unreliable**.
The weather **often** changes.

受動態

彼は他人の気持ちに流されにくい。
He is **difficult to** influence.
He is **not easily** influenced by others.

彼は人に使われやすい人間だ。
He is the type of person who is **easy to** manipulate.
People can manipulate him **without difficulty**.

子どもたちはトランプに興味を持ちやすい。
Children **easily** become interested in card games.
Children **usually** like card games.

その他、副詞・形容詞などを用いた表現

その道は滑りやすい。
The road is **slippery**.（＝ The road is easy to slip on.）

彼は病気がちだ。
He is **sickly**.

彼女は感情が変わりやすい。
She is **capricious**.
She is **temperamental**.

4　「〜しなければならない」「〜すべきだ」

「〜しなければならない」「〜すべきだ」などの強制表現を英訳する際に悩まされるのが、助動詞・補助動詞です。それぞれに様々な用法があるため、取捨選択が容易ではありません。
ここでは、代表的な助動詞・補助動詞について、ニュアンスと用法を説明します。

▶ shall

最も改まった表現です。義務・強制の度合いが最も強く、2人称または3人称の主語に対して〈shall〉を用いた場合、「絶対にしなければならない」という強い語調になります。文書で〈shall〉が使われるのは、契約・特許など特定の分野に限られます。最近、仕様書では〈shall〉をあまり用いなくなっています。

当該請負業者は、当該技術者の満足が得られるように、すべての建設工事を遂

行しなければならない。
The Contractor **shall** perform all construction work to the satisfaction of the Engineer.

▶ must
〈shall〉と同義でややくだけた表現だと理解してください。望ましい結果を得るため、あるいはトラブル（機器の破損など）を防ぐために、「必ずしなければいけない」ことを述べる際に〈must〉を用います。〈must〉の過去形が〈had to〉である点にも注意しましょう。

この器具は極めて壊れやすいので、取り扱いに注意しなければなりません。
The apparatus is extremely delicate, and so **must** be handled with care.

▶ 命令形
命令形は、簡潔さが求められるマニュアル・注意書等で指示内容を示す際に用いられます。
日本語のマニュアル・注意書によく見られる「〜してください」という丁寧表現を英訳する際、命令形に〈please〉をつけてはいけません。「〈please〉＋命令形」は「丁寧な依頼」であって、強制表現とは見なされないからです。

カバーを外してから、エンジンをかけてください。
Remove the cover before starting the engine.

▶ have to
助動詞〈must〉と同義ですが、ややくだけた表現であるために正式な文書ではあまり用いられません。〈have to〉には強制だけでなく、「必要」の意味もあります。

私はもっとお金を手に入れる必要がある。
I **have to** get some more money.

▶ should
〈must〉や〈shall〉に比べると強制力がずっと弱く、「しなければならない（強制）」と「したほうがよい（推奨）」の中間程度のニュアンスを持つ表現です。〈should〉は、「絶対にやらなければいけないわけではないが、やったほうが（やらない場合より）ずっとよい結果が得られる」という事柄に対して用いられます。

良い協調関係を築くためには、互いに失礼な態度を取らないほうがよい。
For a good cooperative relationship, people **should** not be impolite to each other.

▶ought to

〈should〉とほぼ同義ですが、改まった文書ではめったに使わない表現です。日本語の「〜すべき」に近いニュアンスを持つ語で、「道徳・倫理上、やるべきだと考えられる」事柄に対して用います。

彼は処罰されて当然だ。
He **ought to** be punished.

☞ここがポイント!!　be to

改まった文書で、〈be to〉を強制表現として用いることはめったにありません。口語では、助動詞〈must〉の意味で〈be to〉を使うことがあります。文語で〈be to〉を用いるのは、先のことに関する公式決定などを述べる場合です。

その会議は明日開会することになっている。
The conference **is to** start tomorrow.

5 カタカナ

カタカナを英語に訳す場合は、特に注意が必要です。次のようなポイントについて、必ずセルフチェックを行ないましょう。

▶スペルは正しいか

カナカナ語のなかには2通りのスペルが考えられるものがあります。意味・発音には大きな違いがありますので、注意してください。

「レジスター」……resistor（抵抗）／register（記録簿）
「ランプ」……ramp（傾斜道路・斜面）／lamp（照明器具）
「パス」……path（道・通路）／pass（通過する・通行証）

▶カタカナをそのままスペルアウトすると、違う意味にならないか

「車のハンドル」は〈steering wheel〉です（〈handle〉はドアの取っ手・物の持ち手などを意味するので、全く別物です）。同様に、「パイン」は〈pineapple〉（〈pine〉は松の木）、「パン」は〈bread〉（〈pan〉は平らな皿・平鍋）、「ポンプ」は〈pump〉（〈pomp〉は華麗・威厳）です。

▶英語以外の言語から派生した語ではないか

「ゴム」＝ rubber（フランス語の〈gomme〉）
「ゲレンデ」＝ (ski) slope（ドイツ語の〈gelande〉）
「タバコ」＝ cigarette / tobacco（ポルトガル語の〈tobaco〉）

▶略語ではないか

「ゼネスト」＝ general strike
「パトカー」＝ police (patrol) car
「エアコン」＝ air conditioner

6 「以上」「以下」

「〜以上」「〜以下」という表現で「〜」部分に数字が入る場合は、細心の注意が必要です。
たとえば、リンゴの数が「3個以上」「3個以下」という表現を考えてみましょう。〈more than 3〉〈less than 3〉と訳したいところですが、これでは正確とはいえません。〈more than〉〈less than〉という表現の場合、厳密にいえば境界値「3」を含みません。そのため〈more than 3〉は「3個を超えた数」＝「4個以上」、〈less than 3〉は「3個未満」＝「2個以下」という意味になってしまうのです。

上記のように小さい数字・少ない量を表わす場合は、正確な数字が要求されることが多いようです。その場合は「〜以上」を〈〜 or more〉（〜か、それより上）、「〜以下」を〈〜 or less〉（〜か、それより下）などと表現します。

ただし大きい数字などで、およその数量を表わす場合は、厳密さが要求されない

ため、「〜以上」を〈more than 〜〉、「〜以下」を〈less than 〜〉〈fewer than 〜〉としても構いません。

厳密さが要求される場合

テーブルを安定させるためには、脚が3本以上必要だ。
In order to be stable a table must have **three or more** legs.

そのエレベーターの定員は10人だ（10人以下を運ぶことが認められている）。
The elevator is licensed to carry **ten persons or less**.

およその数量として表わす場合

彼には100冊以上の著作がある。
He has written **more than 100** books.

その講演の聴衆は100人以下だった。
Fewer than a hundred people heard the speech.

第 3 章

似ている語の区別

名詞編〉
1. 仕事・職業・労働……252
2. 能力……255
3. 性質・特徴……257
4. 物質……259
5. 影響……261
6. 地域……263
7. 調査・研究……264
8. 料金・価格・費用……265
9. 内容・成分・要素……268
10. 公害・汚染・異物……270
11. 機器・装置・道具……271

動詞編〉
12. ～を可能にする……276
13. 増える（増やす）・
    伸びる（伸ばす）……278
14. 交換する・代用する……279
15. 知らせる・教える……281
16. 説明する・述べる……282
17. より良くする……284
18. 適合させる・採用する……287
19. 変化する・変動する……289
20. ～を含む・～で構成される……290

その他編〉
《形容詞・副詞・接続詞など》
21. 一般的……293
22. 違う・異なる……294
23. 個別の……296
24. 効率的・効果的……297
25. 人工的な・不自然な……298
26. 電気の・電子の……300
27. たとえば・～のように……301
28. つまり・言い換えれば……304

＊「22.違う・異なる」では形容詞と
　動詞について説明しています。

名詞編

1　仕事・職業・労働

work / business / labor / job / task / employment / occupation / trade / profession

❶ work
「仕事・職業・労働」のすべての意味を包括する表現で、次のような特徴を持つ活動を表わします。

▶**生産的活動・有益な活動**
例：橋の建設、オフィスでの書類作成、音楽コンサートの開催など。
非生産的でも必要な活動（他人の仕事のチェック、客の要求を聞くことなど）も〈work〉で表現することがあります。

▶**何らかの目的を達成するために必要な活動**
例：生計を立てるための活動、写真、ガーデニングなど生産的な趣味を持つ人の活動など。（快楽・娯楽のための活動は含みません）

The **work** of building the dam has just begun.
（ダム建設工事は始まったばかりだ。）

The postgraduate student was doing some **work** related to his thesis.
（その大学院生は、彼の論文に関する研究を行なっていた。）

Office **work** can be very boring.
（オフィスワークはかなり退屈なこともある。）

Looking after children is often hard **work**.
（子守りは重労働であることが多い。）

It took a great deal of **work** for him to become skilled at this hobby.
（彼がこの趣味に関する熟練の技を身に付けるためには、多大な研究が必要だ。）

上記の用法では、〈work〉を不可算名詞として扱います。不定冠詞〈a〉を付けたり、複数形を取ることはありませんので注意してください。

〈work〉は、次の例文のように、「職業・仕事」の意味で使われることもあります。この用法では〈employment〉〈occupation〉〈profession〉とほぼ同義です。

After being unemployed for 6 weeks, he found **work** in a small printing company.
（6週間の失業期間を経て、彼は小さな印刷会社に就職した。）

"What **work** are you in?" "I am a teacher."
（「何の仕事をされているのですか？」「教師をしています。」）

❷ business
商取引・金儲けと密接な関係を持つ活動、つまり事業・商売などを表わします。この場合、〈business〉は不可算名詞として扱います。

Even during the alterations to the shop, **business** was carried out as usual.
（店舗の改装中も、通常どおりに営業していた。）

❸ labor
骨の折れる困難な仕事を意味し、一般的に、穴を掘る・重いものを運ぶといった作業を表わします。

The **labor** of clearing away rubble after an earthquake is arduous.
（地震の後に瓦礫を片付ける作業は、骨の折れる仕事だ。）

The criminal was sentenced to 5 years' hard **labor**.
（その犯人には、懲役5年が科せられた。）

ただし〈labor union〉（労働組合）の〈labor〉は〈work〉と同じような意味です。〈labor〉は不可算名詞として扱うことがほとんどです。

❹ job
可算名詞の〈job〉は、改まった文章にはあまり使われません。主に次のような意味を表わします。

▶**明確な始まりと終わりのある仕事**（フォーマルな表現は〈task〉）

The housewife has many **jobs** in a day. Cleaning the house is one, doing the shopping is another, and washing the dishes after each meal is another.
（主婦には1日中たくさんの仕事がある。家の掃除、買い物、食後の皿洗いなどである。）

▶職業・業務（＝employment / occupation）

He has a **job** in a general trading company that is very interesting and full of variety.
（彼はある総合商社で働いているが、仕事は変化に富み、とても面白い。）

❺ task

〈task〉も可算名詞です。「明確な始まりと終わりのある仕事」を意味し、〈job〉よりもややフォーマルな表現です。

Translating "Genji Monogatari" was a tremendous and very difficult **task**.
（『源氏物語』の翻訳は、量が膨大で骨の折れる仕事だった。）

❻ employment

生活費を得るための定職（被雇用者が雇用主のために働く）を表わします。〈employment〉は不可算名詞で、どちらかといえばフォーマルな語です。

In a recession, many people are without **employment**.
（不景気になると、多くの人々が職を失う。）

❼ occupation

可算名詞〈occupation〉は、ややフォーマルな表現で、2通りの意味を表わします。

▶特定個人の職業・仕事（＝employment）

She does not enjoy her present **occupation** as an ordinary office worker and she is training to become a secretary.
（彼女は一般事務職という現在の仕事に満足せず、秘書になるための教育を受けている。）

▶特別な教育や訓練を要する職業・仕事（＝trade / profession）

He is an architect by **occupation**, but he is unemployed at present.
（彼の職業は建築家だが、現在失業中である。）

❽ trade

可算名詞〈trade〉は、訓練や技術を要する仕事を意味し、軽い手作業または機械作業、小売業などについて用います。

Carpenters, mechanics, grocers, jewelers, welders, decorators, electricians and self-employed sushi makers are all **trade**speople—people with trades.
（大工、機械工、雑貨商、宝石商、溶接工、装飾工、電気技師、独立した寿司職人はすべて〈tradespeople〉、つまり職人・小売商に該当する。）

❾ profession

可算名詞〈profession〉は、高度な訓練を必要とする専門職を意味します。芸術や科学などの分野、専門的で高度な研究もこれに該当します。

> The **professions** include acting and teaching, as well as the practices of law and of medicine.
> (専門職のなかには、俳優業や教職、弁護士や医者といったものがある。)

2 能力

ability / capacity / potential / aptitude / faculty / competence / capability / skill / talent

この9語はすべて、「何かを遂行するために不可欠な能力」を表わしています。不可算名詞扱いのもの、可算名詞扱いのものがありますので、注意しましょう。それぞれのニュアンスと用法の違いを理解し、上手に使い分けてください。

❶ ability（不可算名詞・可算名詞）

「能力」を表わす最も汎用的な表現で、他の8語はたいてい〈ability〉で置き換えることができます。何かを行なうための精神的・肉体的な能力（「上手にできる」というニュアンスを含むことが多い）、ならびに先天的または後天的な技術・能力を表わします。

> He has the **ability** to communicate very well.
> (彼には高いコミュニケーション能力がある。)

> Charcoal has the **ability** to adsorb gas.
> (木炭には気体を吸着する働きがある。)

❷ capacity（可算名詞）

「能力」自体に加えて、その能力を得る背景となった潜在的な素質や条件（適性・収容力・生産能力など）を表わします。

> She has a tremendous **capacity** for producing new ideas.

（彼女には新しいアイディアを生み出す素晴らしい能力がある。）
This new machine will double the factory's current **capacity**.
（この新しい機械は工場の生産能力を倍増してくれるだろう。）

❸ potential（不可算名詞）
成長・向上・実現のための、潜在的な能力・可能性を表わします。

She has **potential** as an actress, but needs training.
（彼女には女優としての潜在能力はあるが、訓練が必要だ。）

He has **potential** in several fields.
（彼には様々な分野における可能性〔潜在能力〕がある。）

❹ aptitude（不可算名詞・可算名詞）
特定の活動に対する適性、素質、または興味関心を表わします。

Children should be tested early for their **aptitude**.
（子供は早い時期に適性についての検査を受けるべきだ。）

She has a special **aptitude** for mathematics.
（彼女は数学に特別な才能がある。）

❺ faculty（可算名詞）
特定分野における先天的・後天的な能力を表わします。実務的な手腕・技量だけでなく、記憶力・推理力など精神的な能力にも用います。

I wish I had the **faculty** of remembering people's names.
（私に人の名前を記憶する能力があればいいのに。）

He made good use of his analytical **faculty** in making a new system of classification.
（新しい分類システムを構築する際、彼は自身の分析力を有効に活用した。）

❻ competence（不可算名詞）
専門的な能力・技量を表わします。人事考課などで用いる場合は、業務遂行能力を意味します。

Nobody should be allowed to handle a car before achieving **competence** in driving.
（運転技術を修得しなければ、車の運転を許可すべきではない。）

The task was not within his **competence**.
（その仕事は、彼の専門外だった。）

❼ capability（可算名詞）
人に対して〈capabilities〉と複数形を取る場合は、たいてい潜在的な能力や手腕を表わします。物に対して使う場合は、耐性・適性などの性能・機能を表わします。

This printer has color printing **capability**.
(この機械には、カラー印刷機能がついている。)

Too many countries have nuclear **capability**.
(あまりに多くの国々が核戦力を保有している。)

❽ skill（不可算名詞・可算名詞）
経験や訓練によって習得した技術・知識・能力を表わします。

This book helps translators and would-be translators improve their translation **skill**.
(本書は、翻訳家や翻訳家を目指す方が翻訳の技術を磨く助けになります。)

He is very versatile: his great **skills** are in surgery, music and tennis.
(彼は多芸多才だ。外科手術にも、音楽にも、テニスにも秀でている。)

❾ talent（不可算名詞・可算名詞）
芸術などの特定分野における生来の才能を表わします。

She has a **talent** for writing.
(彼女には文才がある。)

He has a remarkable **talent** for playing unusual musical instruments.
(彼は、珍しい楽器の演奏に関して、非凡な才能がある。)

3　性質・特徴

character / nature / characteristic / feature / property / quality

上記の5つの語は似たような意味を持ち、いずれも「特性・特徴・性質・性格」などと訳すことができます。
〈character〉〈nature〉は不可算名詞ですが、それ以外は可算名詞です。これは、

〈character〉〈nature〉が様々な〈characteristic〉〈feature〉〈property〉〈quality〉を包含した総合的な概念であるためです。

❶ character（総合的な性質・特質）
　nature（本質）
この2語は、いずれも対象の総合的な性質・特徴を表わします。
▶〈character〉〈nature〉を主語として用いると、文が冗長になりがちなので、改まった文章ではあまり使われません。たとえば下記の例文は、〈character〉〈nature〉を使わずに書き換えたほうが簡潔になります。
　The **nature / character** of the soil made it unsuitable for growing tobacco.
　→The soil is unsuitable for growing tobacco.
　　（この土質はタバコの栽培には適していない。）
　The problem was of an unusual **character / nature**.
　→The problem was unusual.
　　（この問題は、普通ではなかった。）

▶〈character〉〈nature〉は題名や見出しによく使われます。
　"The **Nature** of Society"
　『社会の特質』（社会学に関する書籍のタイトル）
　"The **Character** of the People"
　「人々の特徴」（ギリシャについて説明したパンフレット内の見出し）

❷ characteristic（特定の人や物について、常に心に浮かぶ特性）
　feature（注意を引く顕著な特徴）
　property（物質の固有性・特性・属性）
　quality（人・物の特質・特性）
これらの語は、いずれも対象の一面的な性質・特徴を表わします。
〈feature〉が「目立つ特徴・特色」という意味で使われることが多い点を除けば、〈characteristic〉と〈feature〉はほぼ同義です。〈property〉が「性質」の意味で使われるのは、「物質の科学的・物理的な永久的特性」を表わす場合だけです。これに対して〈quality〉は、抽象的な特徴（多くの場合、好ましい特質・特性）を表わします。
▶特徴や性質を表わす場合にも、これらの語を使わないほうがよいことがあります。たとえば次の例文は〈property〉や〈feature〉を使わないで短く書き換えることができます。

The speed of operation of this device is an important **feature**.
The speed of operation of this device is important.
（この機器の特色は演算速度である。）
Water has the **property** of boiling at 100℃ at normal pressure.
Water boils at 100℃ at normal pressure.
（常圧では、水は100℃で沸騰する〔性質がある〕。）

▶これらの語は、例を列挙する場合、タイトルや見出しなどによく用います。
"Important **Features** of the Device"
「この機器の特色」（見出し）
"The physical **properties** of Water"
「水の物理的性質」（タイトル）
Tokyo, like all big cities, has a number of unpleasant **characteristics**. The following are the main ones: (1) noise, (2) ..., etc.
（他の大都市と同様、東京には様々な欠点がある。主な欠点は（1）騒音、（2）…などである。）

☞ここがポイント!!
この文で〈characteristic〉の代わりに〈character〉を使うと、「他の大都市と同様、東京は全体として嫌な場所です」という挑戦的な文章になってしまいます。

4　物質

matter / substance / material

日本語の「物質」に相当する語には〈matter〉〈substance〉〈material〉があります。この3語はニュアンス・用法が異なりますが、文脈によっては同じような意味を表わすこともあります。ただしこれらの語はもともと、化学・物理分野以外では全く異なる意味を持つ語であることに注意してください。

❶ matter（「物質」の意味で用いる場合は不可算名詞）

エネルギー・心・精神などの「無形物」の反意語として、「実体を持つもの」を表わします。

〈matter〉が「物質」という意味で使われる場合には、不可算名詞扱いとなりますので、複数形になることはありません。〈matters〉（複数形）は「問題・事・事情」を意味します（単数形でこの意味になることもあります）。

＊複数の「物質」を表わす場合には、〈substances〉または〈materials〉を使います。

　All **matter** consists mainly of protons, electrons and neutrons.
　（あらゆる物体は、主として陽子、電子、および中性子で構成されている。）
　It is becoming increasingly difficult for physicists to distinguish between **matter** and energy.
　（物理学者にとって、物質とエネルギーを区別することが次第に難しくなってきた。）

❷ substance（可算名詞）

「物質」の構成要素となり、科学的・物理的性質を示すものを表わします。

　All **substances** consist mainly of protons, electrons and neutrons.
　（あらゆる物質は、主として陽子、電子、および中性子で構成されている。）
　→〈matter〉の代わりに〈substance〉を用いる場合は、複数形になる
　This page is composed of two **substances**, paper and ink, each of which is itself a mixture of **substances** (fiber, various chemicals, etc.).
　（このページは、紙とインクという2つの物質から構成されている。また、紙とインクはそれぞれ複数の物質〔繊維、各種の化学薬品など〕の混合物である。）

〈substance〉には次のような用法もあります。

▶**物質のタイプを表わす**
　a brittle **substance** like glass（ガラスのようにもろい物質）
　a viscous **substance**（粘着性のある物質）

▶**化学的組成が明確に定義されている物質（元素や化合物など）を表わす**
　＝〈compound〉や〈element〉と同義
　Water is a single liquid **substance** derived from two gaseous substances.
　（水は、2種の気体から成る液体である。）

▶「**有形物**」**としての物質を表わす**（〈matter〉とほぼ同義）
　→この場合は不可算名詞として扱います。

In comparison with its volume, expanded polystyrene has very little **substance**.
（発泡スチロールは、体積の割に実質が少ない。）

ここがポイント!!
〈the same substance〉は「同じ物質」という意味ですが、〈the same matter〉は「その物質自体、ほかならぬもの」という意味になりますので、注意してください。

If a beaker of water is poured into a tank of water, removal of a beaker of **the same substance** (i.e., water) from the tank presents no difficulties. However, to remove **the same matter** (i.e., exactly the same, identical molecules) in one beaker is quite impossible.
（たとえばビーカー1杯分の水〈a beaker of water〉を水槽に注いだとします。水槽から同じ分量の水〈the same substance〉を取り出すのは簡単ですが、ビーカーから注いだ水そのもの〈the same matter〉を取り出すことは不可能です。）

❸ material（可算名詞）
何かの原材料となる物質を表わします。複数物質の混合物または結合体を表わすこともあれば、単一の物質を表わすこともあります。

The **materials** of the bridge are mainly steel and concrete.
（その橋の材質は主に鋼鉄とコンクリートである。）

Wood is an extensively used **material** in Japan.
（木材は日本で広く使われている材料である。）

Cellulose is the **material** that gives wood its strength.
（セルロースは、木材に強度を与える物質である。）

5　影響

effect / affect / influence

❶ effect
引き起こされた結果・変化に焦点を当てた表現です。

動詞：（結果を）もたらす・遂行する（＝bring about / achieve）
This system is sure to **effect** notable improvements in our productivity.
（このシステムは、当社の生産性を大きく向上させるに違いない。）

名詞：（原因によってもたらされる）結果・効果・影響
Time spent surfing the Internet at work has a serious **effect** on company profits.
（従業員が勤務時間中のネットサーフィンに費やす時間は、会社の収益に深刻な影響をもたらす。）
The war had a serious **effect** on gasoline prices.
（その戦争は、ガソリンの価格に深刻な影響を与えた。）

❷ affect
〈effect〉とスペルも意味も似ているため、混同されやすい語ですが、ニュアンスと用法が微妙に異なります。
動詞：何らかの影響を及ぼす（＝have an effect on）
「悪影響・害を及ぼす」というニュアンスで用いる場合もあります。
Company profits are seriously **affected** by Internet abuse.
（会社の収益は、インターネットの乱用によって深刻な影響を受ける。）
The war seriously **affected** gasoline prices.
（その戦争は、ガソリンの価格に深刻な影響を与えた。）

名詞：感情・情緒・情動（精神医学・心理学の専門用語）

❸ influence
〈effect〉〈affect〉が結果に焦点を当てた表現であるのに対し、〈influence〉は結果に至る過程・力・能力に焦点を当てた抽象的な表現です。
動詞：（全体的な無形の）影響を与えて、性質や方向性を変化させる
An angry mob can **influence** a government.
（群集の怒りが政府に影響を与えることもある。）
The author's work **influenced** the young writer.
（その作家の著作は、その若手作家に影響を与えた。）

名詞：影響力・影響を及ぼす作用
Astrologers believe that the movements of the planets, sun, moon, and stars can have an **influence** on people's lives.

（占星術師は、惑星、太陽、月、その他の星の動きが人々の生活に影響を与えると信じている。）

☞ここがポイント!!

「影響を与える」という意味を表わす場合、次の2つの表現が最も一般的です。
　　have an effect on / have an influence on
　　（〈**give** an effect〉や〈influence **to**〉は誤りです。）
どちらの表現を用いてもよい場合もありますが、〈have an influence on〉よりも〈have an effect on〉のほうがはるかに汎用的な表現です。

6 地域

area / region / district

❶ area
〈area〉は、漠然とした領域・範囲を表わす表現です。
　　There are many parks in this **area**.
　　（この近所には、公園が多い。）
　　The metropolitan **area**
　　（大都市圏）

具体的な地名を付けて、〈the Tohoku area〉（東北地方）、〈the Kansai area〉（関西地方）とする用法も一般的です。
〈area〉は常に〈region〉よりも小さな範囲を表わすことを頭に入れておきましょう。

❷ region
共通の地理的・文化的特徴を持つ、比較的広い区域を表わします。〈region〉は政治的境界線ではないので、1つの〈region〉が複数の国にまたがることもあります。

The Rocky Mountain **region**
（ロッキー山脈地方）→米国とカナダにまたがっています。

形容詞〈regional〉は、地域的な特徴を持つ文化・生活スタイルなどを表わすのに便利な表現です。

There are **regional** styles in Chinese cooking, such as Cantonese and Pekingese.
（中華料理には、広東風、北京風など、地域特有の料理法がある。）

❸ district

行政区・管轄区、または街・地区を表わし、次のような使い方が一般的です。

A postal **district**
（郵便区）

A business **district**
（商業地区）

☞ここがポイント!!

上記の原則はアメリカ英語をベースとしています（イギリス英語では、〈district〉は〈region〉〈area〉とほぼ同義です）。

7 調査・研究

research / investigation / study

❶ research

「理解を深めるために何かを深く調べる」という広い意味があります。長期的な作業に対して使われることが多く、新しい事実やデータに関する調査・研究に関してよく用いられます。
（複数のグループが複数の調査を実施しているような場合以外は、不可算名詞として扱いますので〈one research〉〈two researches〉などとすることはありません。）

"**Research** into the New Type of Influenza Virus"

「新型インフルエンザ・ウィルスの研究」

❷ investigation

〈research〉ほど広い意味はありません。多くの場合、既に起きたことの原因を解明しようとする活動を表わすために用います。〈research〉に比べると、調査期間は短く、テーマははるかに具体的です。科学的な調査（検査）に加えて、警察の仕事（捜査）や法的な活動（審査）にも用います。
〈investigation〉は可算名詞・不可算名詞のどちらでも使われます。複数形〈investigations〉が個々の調査を表わすのに対して、〈much investigation〉のように不可算名詞扱いの場合は、深く詳しい調査を表わします。

"**Investigation** into the Crash of the JAL Airliner"
「日航機事故の原因追究」

❸ study

〈study〉が「研究」の意味で使われる場合は、学術的な見地から行なわれる活動を表わします。そこから派生して、特定分野の研究に関する、公表されたレポートそのものを意味することもあります。

"**Study** into the safety of cell-phones"
「携帯電話の安全性に関する調査」

••• 8 ••• 料金・価格・費用

fee / fare / price / cost / charge / expense / expenditure / payment

❶ fee（料金・手数料）
▶相談や診断といった専門家によるサービスの対価
consulting **fee**（顧問料）
legal **fee**（弁護料）
doctor's **fee**（診察料）

notary public **fee**（公証費）

▶団体や学校への納付金、展示会・美術館など公開された場所への入場料
examination **fee**（受験料）
admission **fee**（入場料）
membership **fee**（会費）

❷ fare（運賃・乗車賃）

輸送・通行手段に対して払う金銭を表わします。
train **fare**（電車賃）
air **fare**（航空運賃）注：〈airplane fare〉は誤りです。
bus **fare**（バス料金）

ここがポイント!!

自分で運転する場合には〈fare〉を使うことはありません。次のような表現は誤りとなりますので、注意しましょう。
× 　Rent-a-car fare
× 　Rent-a-bicycle fare

❸ price（価格・相場）

売買における商品・サービスの対価を表わします。ただしローンの月賦払い・分割払い・クレジット支払いの場合には使われません。
market **price**（市価）
retail **price**（小売価格）
at bargain **prices**（割引価格で）

ここがポイント!!

〈price of a ticket〉は、〈fare〉とほぼ同じ意味になります。この場合は一般的に、長距離料金を表わします。
"What is the **price of a ticket** to London?"
「ロンドンまでの運賃はいくらですか」

❹ cost（原価・経費・費用）

生産・建設などの原価、あるいは家庭や企業の諸経費を表わす場合に〈cost〉を用います（この意味で使う場合はたいてい複数形）。代価・費用を表わす場合も

あります。
    cost cutting（経費削減・コストダウン）
    construction costs（建設費）
    advertising costs（広告費）

❺ charge（代価・料金）

〈fee〉や〈price〉と同様、サービス・商品の対価を表わします。特に公共料金など、距離や消費量等によって価格が変動するサービス・商品の場合は〈charge〉で表わします。単数形と複数形のどちらも用います。
    gas charge(s)（ガス代）
    water and sewage charge(s)（上下水道料金）
    electricity charge(s)（電気料金）

❻ expense（費用・経費）

食費・家賃などの生活費、または出張旅費などの事業上の経費を表わします。単数形と複数形のどちらも用います。
    living expense(s)（生活費）
    traveling expense(s)（旅費）

    operating expense（営業経費・営業費用）
    →人件費・賃借料・公共料金など、事業を行なうために必要な諸経費のことで、〈overhead〉（間接費）の一部にあたります。ただし、原材料費用や製造費用などは含みません。

❼ expenditure（支出・消費）

▶（予算・財政上の）支出・歳出・費用

特に、大規模な活動や目的のための支出を表わすことが多いようです。単数形と複数形のどちらも用います。
    research expenditure（研究費）
    expenditures for public works（公共事業費・公共事業予算）

☞ここがポイント!!
会計用語としての〈expense〉と〈expenditure〉の違い
〈expense〉は、損益試算表などで言う「費用」のことで、金銭の出入りを伴わないもの（減価償却費など）も含みます。

〈expenditure〉は、費用・資産にかかわらず、金銭の「支出」を意味します。

▶（労力・時間の）消費
〈expenditure〉は、特定の仕事に必要な時間や仕事量を表わすこともあります。
　with a minimum **expenditure** of time and effort
　（最小限の時間と労力で）

❽ payment（支払・返済）
掛買いやローンで購入したものに対する支払い（金額）を表わします（定期的な支払い・分割払いなどに用いられることも多い）。ただし、賃借料などの日常的な出費には使われません。
　monthly car **payment**（車代金の月賦払い）
　monthly loan **payment**（ローンの月次返済）

未払いの債務・請求書を精算するための支払い・返済にも、〈payment〉を用います。
　We have received **payment** for the shipment sent on March 21.
　（3月21日付けで発送させて頂いた荷物の代金を受領しました。）
　Prompt **payment** is requested.
　（早急に支払いをお願い致します。）

●●● 9 ●●●　内容・成分・要素

content / contents / component / constituent / ingredient

❶ content
　contents
〈content〉と〈contents〉は意味が異なり、同じ意味として使われることはほとんどありません。それぞれの主な用法を正しく理解しておきましょう。

▶ **content**
物質に含まれているほかの物質（またはエネルギー）の量・割合

The fat **content** of this milk is 3.4%.
（この牛乳の脂肪分は3.4%である。）

重要な意味・意義・真意・深み

Even the longest movies can be devoid of **content**.
（超大作と呼ばれても、深みのない映画もある。）

▶ **contents**
容器の内容物・中身

The entire **contents** of the safe were stolen, all the money, papers and other valuables.
（金庫の中身〔お金、有価証券など金目のもの〕はすべて盗まれてしまった。）

目次（= table of contents）

Look at the (Table of) **Contents** to find where the last chapter begins.
（目次で、最終章が何ページから始まるのか確認してください。）

❷ component
物体の構成要素（部品、部材、成分など）を表わします。

ICs are **components** of computers.
（集積回路は、コンピュータの構成部品である。）

❸ constituent
混合物・合成物などの構成要素・成分を表わします。

The **constituents** of mild steel are ferrite and carbon.
（軟鋼の成分は、フェライトと炭素である。）

❹ ingredient
混合物（主に加工食品）の原材料・成分を表わします。

What are the **ingredients** of this delicious soup?
（この美味しいスープの材料はなんですか。）

10 公害・汚染・異物

pollution / contamination / foreign body / foreign matter

❶ pollution（環境汚染・公害）

産業廃棄物が水中・空気中に放出されることによる環境汚染を意味します。また、汚染の結果としての公害を意味することもあります。〈pollution〉は不可算名詞で、基本的に放射能汚染には使われません。

　air **pollution**（大気汚染）
　water **pollution**（水質汚染）
　×radioactive pollution　→放射能汚染は〈contamination〉で表わします。

❷ contamination（汚染・雑菌混入）

化学薬品・微生物・放射能が水中または大気中に放出されること、また、そのような物質が食物連鎖のなかで徐々に蓄積されること（魚の水銀汚染）などを表わします。〈pollution〉と同様に不可算名詞として扱います。
また微生物学では、生態系における細菌の混入・増殖を〈contamination〉で表わします。

　mercury **contamination**（水銀汚染）
　radioactive **contamination**（放射能汚染）
　viral **contamination**（ウィルスによる汚染）

❸ foreign body（夾雑物）

本来存在すべきではないところ（有機体や機械の中など）で発見された生物・物質を表わします。〈foreign body〉は可算名詞として扱います。

　The X-ray showed a **foreign body** lodged in the gall bladder.
　（レントゲン写真には胆嚢に詰まった異物が映っていた。）
　A **foreign body** seems to be stuck between the teeth of the gears.
　（歯車の歯の間に異物が挟まっているようだ。）

❹ foreign matter（異物）

〈foreign body〉と同様、本来存在すべきではないところで発見された、物体・物

質を表わします。不可算名詞ですが、種類の違う複数の異物について表わす場合だけは可算名詞として扱います。

　Some **foreign matter** is lodged in the eye.
　（目に何か異物が入っている。）
　The pipe is clogged with **foreign matter**.
　（パイプが異物で詰まっている。）

●●●11●●● 機器・装置・道具

equipment / apparatus / machine / device / unit など

機器・装置・道具を表わす語には、下図のように様々なものがあります。

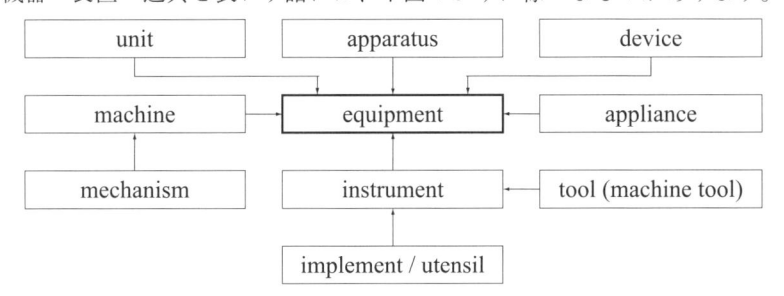

```
   unit          apparatus         device
     ↓              ↓                ↓
  machine  →    equipment    ←   appliance
     ↑              ↑                ↑
 mechanism      instrument    ←  tool (machine tool)
                    ↑
            implement / utensil
```

❶ equipment（設備・備品・用具類など）：不可算名詞

能率的な操作・活動・サービスのために用いるものすべてを網羅する、もっとも汎用的な表現です。（土地・建物・人員は除く。）
〈equipment〉は集合名詞ですので、不可算扱いになります。

　combat **equipment**（戦闘設備）
　→戦車、大砲、ジープ、双眼鏡、軍服など
　park **equipment**（公園の設備）
　→ベンチ、テーブル、噴水のためのポンプとパイプなど
　ski **equipment**（スキー用具）
　→靴、セーター、手袋、スキー板など

271

office **equipment**（オフィス機器）
→机、いす、コピー機、棚などの什器を表わします。ペン、鉛筆、消しゴム、紙と封筒などの文房具まで含む場合もあります。
farm **equipment**（農機具）
→農具のみならず、照明や水道設備なども含みます。

❷ apparatus（器具・器械など）：可算名詞／不可算名詞

〈equipment〉ほどではありませんが、〈apparatus〉も汎用的な表現です。〈apparatus〉は主に、実験用の器材、スポーツや娯楽のための器具などについて用います。

laboratory **apparatus**（実験室・研究所の器材）
→ビーカー、バーナー、天秤、顕微鏡など
gymnastic **apparatus**（体操器具）
→バー、輪、鞍馬など

ただし、スキーウェア、体操マット、机やテーブル、雑巾やほうきなどは〈apparatus〉ではなく〈equipment〉になります。
また、複雑な仕組みを持つかどうかにかかわらず、複数の部品で構成されるものを表わすため、発電機、変圧器、レントゲン機器、気圧計、砂時計、水道設備なども〈apparatus〉に含まれます。

☞ ここがポイント!!
可算名詞として扱う場合、複数形は〈apparatus〉または〈apparatuses〉になります。

❸ appliance（(特定用途向けの)器具・電気器具）：可算名詞

〈apparatus〉の代わりに使われることの多い語ですが、手動の器具を〈appliance〉で表わすことはめったにありません。〈appliance〉には、「さほど複雑な仕組みを持たない、便利な電気器具」のニュアンスがあるからです。
そのため、主に家電（乾燥機、冷凍庫、掃除機、テレビ、トースター、電話など）や、電動または機械的な鉛筆削りなどを表わします。

❹ machine（機械・装置）：可算名詞

動力源から動力を受け、多くの部品が総合的に機能することで一定の働きをする

機械・装置を表わします。たとえば、発電機、電話、クレーン、計算機などが〈machine〉にあたります。

❺ machinery（機械類・機構）：不可算名詞

〈machine〉が機械を単体で表わすのに対し、〈machinery〉は機械を集合的に表わす表現です。主に次のような意味があります。

▶**（集合的に）機械類・装置類**

　All the **machinery** at the factory is old.
　（その工場にある機械〔類〕はすべて旧式だ。）
　We need more textile **machinery**.
　（当社には、紡績機械がもっと必要だ。）

▶**機械部分・装置**（＝works）

　The case of the watch is very strong, but its **machinery** is delicate.
　（その時計のケースは頑丈だが、機械部分は損傷を受けやすい。）

☞ここがポイント!!

〈machinery〉には、「機能の実現・目的の達成を支援する仕組み」という意味もあります。

　the **machinery** of government （政治機構）

❻ mechanism（機械部分・仕組み）：可算名詞

▶**機械部分・機構**

〈machinery〉の「機械部分・装置（＝works）」と同じような意味ですが、〈machinery〉と違い、必ずしも複雑な構造を意味するわけではありません。

　The valve **mechanism** operates the valve.
　（バルブの機構がバルブを操作する。）

▶**（機械・化学反応などの）仕組み・作用**

　There are several **mechanisms** of catalysis.
　（触媒作用にはいくつかの仕組みがある。）
　What is the **mechanism** of that device?
　（この装置はどのような仕組みになっているのか。）

❼ tool（道具・工具・刃の部分）：可算名詞
〈tool〉は、職人・技工が手に持って使用する単純な道具・工具を指します。
  a carpenter's **tools**（大工道具）→のこぎり、ドライバー、ペンチなど
  a builder's **tools**（建築業者の道具）→こて、水準器、モルタル板など
  gardening **tools**（園芸用具）→シャベル、くまで、など
動力によって作動する道具も〈tool〉で表わすことができます。
  machine **tools**（工作機械）→旋盤、フライス盤、パンチプレスなど
  power **tools**（電動工具）→電気ドリル、チェインソー、粉砕機など

❽ implement（用具）：可算名詞
特定の目的にかなうように作られた道具・器具を表わします。
▶単数形の場合：主に重機を指します。
 →鍬、トラクター、斧、チェインソー、ウィンチなど

▶複数形は、業務用の装具・備品全般を表わします。
 →ハンドドリル、乳鉢と乳棒、はさみ、ポンチなど

❾ instrument（器械・計器）：可算名詞
正確さ・精密さが求められる細かい仕事、または科学的・芸術的目的のために用いる計器や器具を表わします。
  medical **instruments**（医療器具）
  nautical **instruments**（航海用計器）
  drawing **instruments**（製図器械）
  musical **instruments**（楽器）

☞ **ここがポイント!!**
複数形の場合は、必ずしも精密な作業のためのものとは限りません。ドリルの刃、レバー、コルク抜きなどの単純な道具も〈instruments〉で表現することがあります。

❿ device（装置）：可算名詞
特別な要件を満たすように設計された装置を表わします。必ずしも複雑な仕組みとは限りませんが、設計にある程度の工夫がされている必要があります。また、あまり大きなものや重いものには用いません。
具体的には、万力、定規、刷毛、玄関のベル、鍵、湯沸し器、ガスメーター、車

のハンドルなどの比較的小規模な装置、機械の部品などを指します。計算機、ワープロなども〈device〉にあたります。トランジスタやダイオードなどの半導体装置は〈semiconductor device〉です。

> **☞ここがポイント!!**
> 〈device〉には、「工夫・図案・趣向」といった意味もあります。

⓫ utensil（台所用品・家庭用品）：可算名詞

主に家事に用いる、単純な手動の道具を表わします。
具体的には、ブラシやモップ、ごみ箱、フライパン、やかん、皿、ナイフとフォークなどを指します。ただし、〈writing utensils（筆記用具）〉〈smoking utensils（喫煙具）〉という表現が使われることもあります。

⓬ unit（装置）：可算名詞

1つのまとまった機能を持つ「装置」を意味します。〈unit〉には「最小単位」のニュアンスもあるため、機器の一部としての装置やユニットを表わすこともあります。
そのため、〈a unit of equipment〉〈a unit of apparatus〉という表現も可能です。

　　Voice-recognition **unit** in the computer system
　　（そのコンピュータシステムの音声認識装置）

動詞編

•••12••• 〜を可能にする

allow / make possible / enable

❶ allow

「〜を可能にする」、または「助けとなる状況を作り出す」という意味で無生物主語の文章でよく使われます。次のような2文型で使われますので、頭に入れておきましょう。

①allow 〜 to do
②allow ＋名詞句

Pyrolysis **allows** materials **to** be broken down into simpler compounds.
Pyrolysis **allows** the break**ing** down of materials into simpler compounds.
(熱分解することによって、物質をより単純な化合物に分解することができる。)

Microwave ovens **allow** food **to** be rapidly cooked.
Microwave ovens **allow** rapid cook**ing** of food.
(電子レンジを使えば、食品を短時間で調理することができる。)

〈allow〉には、「妨げないで〜させる」というやや控えめなニュアンスもあります。

The stability of the market will **allow** a continuing increase in worldwide sales.
(市場が安定していれば、国際貿易の継続的拡大が可能になる。)

❷ make possible

「助けとなる状況を作り出す」という意味で、多くの場合、〈make possible〉は〈allow〉に置き換えることができます。常に他動詞のかたちを取り、目的語（名詞・名詞句）は〈make〉と〈possible〉の間に入ります。仮主語〈it〉を用いて、〈make it possible ...〉という構文も可能です。

A transponder **makes** the intensification of radio waves **possible**.
A transponder **makes** it **possible** to intensify radio waves.
(トランスポンダを使えば、電波を増幅することができる。)
The ME V8 **makes** automatic measurement **possible**.
The ME V8 **makes** it **possible** to measure automatically.
(ME V8を使えば、自動計測が可能になる。)

動作主に言及する場合は、前置詞〈for〉を用います。
The ME V8 **makes** automatic measurement **possible for** the system.
The ME V8 **makes** it **possible for** the system to measure automatically.
(ME V8を使えば、そのシステムは自動計測をすることができるようになる。)

❸ enable

〈allow〉や〈make possible〉と同義ですが、文法的な構造から見ると、その用法はかなり特殊です。「A enables B to ～（AによってBが～することが可能になる）」という構文で用いられることがほとんどですが、この場合のBは〈enable〉という動詞の目的語でありながら同時に動作主でもあります

The new alloy **enables** the drill **to** bore into the rock at higher speeds without necessitating cooling systems.
(新しく開発された合金を用いることで、そのドリルは冷却装置を用いなくても、高速で岩石に穴をあけることが可能になる。)
→〈the drill〉は〈enable〉の目的語であり、〈bore〉という動作の主体でもあります。

This equation **enables** the scientist **to** calculate any of the three factors from the other two.
(この式を使えば、その科学者はその3因数をどれでも、他の2因数から求めることができる。)

また、〈A enables B to be ...〉のように、受動態を持ってくることも可能です。
A refrigerator **enables** food **to** be kept for long periods without spoiling.
(冷蔵庫によって、食品を腐らせずに長期保存することができる。)

13　増える（増やす）・伸びる（伸ばす）

expand / extend / increase

ここに挙げた3語は、何らかの尺度（数量・大きさ・容量など）で測った値が増える（伸びる）ことを表わす動詞です。

❶ expand（拡大する・拡張する）
〈expand〉は、大きさや規模が総合的に拡大することを表わします。そのため、長さ・広さ・高さ・重さなどの単一尺度における値だけが増加した場合には、通常〈expand〉を用いません。面積や体積のように二次元・三次元的な規模の拡大を表わすのが〈expand〉です。

自動詞の用例

　Iron **expands** when heated.
　（鉄は熱を加えると膨張する。）

　Our sales **expanded** by five million dollars in the previous fiscal year.
　（当社の売上は昨年度から500万ドル増加した。）

他動詞の用例

　I want to **expand** my knowledge of English.
　（私は英語の知識を増やしたいと思っている。）

　We intend to **expand** the number of sales outlets by forty percent in the next three years.
　（当社は、3年で店舗数を40%増やす方針だ。）

❷ extend（伸張する・延長する）
〈extend〉は、距離・時間の伸びを表わします。
また、他動詞の〈extend〉には「伸ばす」という基本的用法のほかに、「（金銭的な）援助を与える」という意味もあります。

自動詞の用法

　The Trans-Siberian Express **extends** from Vladivostok to Moscow.
　（シベリア特急はウラジオストクからモスクワまで伸びている。）

　The baseball game **extended** late into the night.

（その野球の試合は延長戦になり、夜遅くまで続いた。）

他動詞の用法

The United States recently **extended** 275 million dollars in loans to the government of Pakistan.
（米国は、先頃パキスタンに対して2.75億ドルの融資を行なった。）

The Japanese Government is thinking of **extending** technical assistance to the Chinese space program.
（日本政府は、中国の宇宙計画に対する技術支援を検討している。）

❸ increase（増加する）

〈increase〉は、主に数量の増加を表わします。どのような尺度（長さ・幅・高さ・重さなど）ではかった値なのかを、具体的に述べる必要があります。

The weight of the average cow **increased** fifteen percent after the herd was fed the new grain mix.
（新しい混合飼料を与えたおかげで、牝牛の標準体重が15％増加した。）

Brazil must **increase** the amount of its exports in order to pay its international debts.
（ブラジルは、国際債務を精算するために、輸出量を増やす必要がある。）

The improved forging process will greatly **increase** the tensile strength of the steel.
（鍛造方法の改良によって、鋼鉄の引張強さが大幅に増大するだろう。）

14　交換する・代用する

exchange / change / replace / substitute

他動詞として用いる〈exchange〉〈change〉〈replace〉〈substitute〉は、似たような意味を表わしますが、ニュアンスが少々異なります。文脈に応じて上手に使い分けてください。

❶ exchange

〈exchange〉は、違うものと交換する意味で用いられます。そのため、機械が故障して、部品を（同一製品の新品と）交換する場合は〈exchange〉を用いません。また、ものを「渡す」「受け取る」というやり取りに重点を置く場合に用いるのが基本です。

He **exchanged** greetings with his teammates.
（彼はチームの仲間と挨拶を交わした。）

The shirt was too small, so I **exchanged** it for a larger one.
（このシャツは小さすぎたので、大きなサイズのものと交換してもらった。）

❷ replace

不備・不足があるものを、まともに機能する別のもので代替することを意味します。具体的には、故障・廃番・型落ちの品を、新品・代用品と交換する、あるいは切れてしまったものを補充する場合に用います。

The copy machine is out of toner. Please **replace** it as soon as possible.
（そのコピー機はトナー切れです。すぐに交換してください。）

The light bulb must be **replaced** because it has burned out.
（その電球は切れているので、取り替える必要がある。）

❸ change

〈change〉は〈replace〉と同義で、ややくだけた表現です。ただし補充のニュアンスはありません。

It is advisable to **change** the oil filter every 6 months.
（オイルフィルターは半年に1度、交換したほうがよい。）

❹ substitute

〈substitute〉は、やむをえない事情によって通常とは異なるもの（人）で代用（代理）する場合に用います。〈substitute〉は「臨時・一時的」つまり、「やむをえない事情が解決されれば、すぐに通常のもの（人）に戻る」というニュアンスを含んでいます。

If the correct part is not available, please **substitute** a similar one until the correct one can be obtained.
（求める部品が手許になければ、入手できるまで類似品で代用してください。）

When a teacher is sick, a part-time teacher usually **substitutes** until the regular teacher is well again.

（常勤の教師が病気にかかった場合、治るまでの間、臨時教員が代理を務めることが多い。）

15　知らせる・教える

inform / notify / tell / teach

❶ inform（知らせる・連絡する）

人に対して情報（具体的な事実・詳しい内容など）を与えることを意味する、改まった表現です。

　Please **inform** us of your decision as soon as possible.
　（できるだけ早く、貴方の決定をお知らせください。）

　They **informed** us that the contract had been given to another company.
　（彼らから、その契約を他の会社が受注したという連絡を受けた。）

❷ notify（知らせる・通知する）

具体的・詳細な情報の提供を表わす、改まった表現です。〈inform〉とほぼ同じ意味ですが、郵便や手紙による通知の場合によく用いられます。

　The post office **notified** me that a package had come.
　（郵便局から荷物が届いているという通知が来た。）

　Foreign residents in Japan must **notify** the Immigration Bureau of their new address if they move.
　（在留外国人は、転居した場合、新しい住所を入国管理局に届け出なければならない。）

❸ tell（言う・話す）

口頭での情報伝達を意味します。面と向かって話す場合だけでなく、電話を使う場合も〈tell〉を用います。
〈tell someone to do〉のかたちでは、「～するよう言う」という意味を表わします。

The section chief **told** us that because we were extremely busy, vacations would have to be postponed.
（課長は私たちに「極めて忙しい時期なので休暇は延期しなければ」と言った。）

The president **told** him to institute the new marketing plan immediately.
（社長は彼に新しいマーケティング・プランを早急に策定するよう命じた。）

❹ teach（教える）

〈teach〉は、特定の学科・作業・手順などに関する知識・技術を教えることを意味します。訓練・授業といった形態を取ることもあります（人に道・名前を「教える」場合は〈teach〉でなく〈tell〉になります）。

A good teacher **teaches** not only facts, but also concepts
（よい教師とは、事実だけでなく考え方も教えるものだ。）

They are specially trained to **teach** soccer to children.
（彼らは子どもたちにサッカーを指導できるよう、特別の訓練を受けている。）

●●16●● 説明する・述べる

describe / explain / illustrate / state / mention

❶ describe（記述する）

外観や性質、出来事や状況などを言葉で描写・形容することを表わします。

He **described** his younger sister.
（彼は自分の妹について述べた。）
→背が高い、魅力的、優しいといった妹の人物描写

The major components of the system are **described** below.
（このシステムの主要装置について、以下に説明します。）
→主要装置の機能・特徴に関する説明

❷ explain（説明する）

根拠や趣旨などを挙げて、わかりやすく説明することを表わします。

The students did not fully understand the **description** of the procedure in the textbook, so the teacher **explained** it in more detail.
（教科書に記載された手順を生徒が十分に理解しなかったため、教師はその手順をさらに詳しく説明した。）

〈explained〉が〈description〉（〈describe〉の名詞形）と対照的に用いられていることがおわかりいただけるでしょうか。〈explain〉には「曖昧・難解でわかりにくいものごと」を説明する、というニュアンスがあります。
たとえば〈He described the experiment.〉という文が、実験内容・実験結果の伝達を表わすのに対し、〈He explained the experiment.〉は、実験の目的・各手順の意義・関連性のある理論などを詳しく説明したことを意味しています。

❸ illustrate（図解する・実証する）
具体例や分析結果を挙げて具体的に説明する、または図や比喩を用いて関心を引き理解を深めることを表わします。

He **illustrated** the theory with simple examples.
（彼は、簡単な例を挙げてその理論を説明した。）
The book is **illustrated** by a very fine artist.
（この本の挿絵は、有名な画家の手によるものだ。）

❹ state（述べる・明言する・明示する）
〈say〉の堅い表現として、改まった文章で用います。
〈state that ～〉（名詞句）、または〈state ＋名詞〉のかたちで、「言葉で表されたもの」（法令、説明、問題、氏名など）を目的語にとります。
なかでも法令・法則について述べる場合は、〈state〉を用いるのが一般的です。

Can you **state** Archimedes' Principle?
（君は、アルキメデスの原理を述べることができるか。）
Please **state** your name, age and other particulars in the space provided.
（氏名、年齢などの項目を指定の欄に明記してください。）

「言葉で表されたもの」以外を〈state〉の目的語とすることができません。よって、〈He stated the company.〉または〈The substance was stated.〉などの表現は、文法的に誤りです（〈company〉や〈substance〉は「言葉で表されたもの」ではないからです）。

❺ mention（話に出す・言及する）

「ちょっと（ついでに）触れる」というニュアンスが含まれます。そのため、本題や詳しい解説などに〈mention〉を用いることはありません。

They **mentioned** that they were going to visit the new plant.
（彼らは、新しい工場を訪問する予定であることに触れた。）

The new contract was **mentioned** during the informal discussions held last week.
（先週行なわれた非公式な討議の場で、新規契約の話が出た。）

☞ここがポイント!!

動詞〈mention〉の代わりに名詞〈mention〉を用いて、〈make mention (of)〉という表現も可能です。

••17•• より良くする

improve / enhance / augment / reform / develop

❶ improve

他動詞としての用法

対象の質や能力を高めることを表わします。動力や機械に対して〈improve〉を用いた場合は、部品の追加・交換・調整などによって、性能を改善・向上させることを意味します。

The addition of a turbo-jet generally **improves** high-speed performance in cars.
（ターボジェットを付けることで、車の高速性能が向上する。）

In order to **improve** any physical skill, it is necessary to practice on a regular basis.
（身体能力を高めるためには、定期的な運動が欠かせない。）

〈improve〉の目的語は、対象に備わる質や能力で、対象自体ではないことに注意してください。上記の例文でも、機械や人そのものではなく、機械の性能や身体能力を目的語としています。

○　The new thermostat will **improve** the cooling capacity of the air conditioner.

（新型サーモスタットを付ければ、エアコンの冷却能力が向上するだろう。）
→目的語はエアコンの「冷却能力」

× The new thermostat will improve the air conditioner.
→「エアコン」そのものを目的語にとることはできません。

▶ **自動詞としての用法**
向上する・効率化する・上達するといった意味を表わします。

The ability of a child to speak his or her native language **improves** dramatically after the age of three.
（子供が自国語を話す能力は、3歳を過ぎると格段に向上する。）

Muscular strength **improves** when a gradually increasing strain is exerted on a muscle over a period of time.
（一定期間にわたり筋肉に与える緊張を徐々に強めると、筋力が向上する。）

❷ enhance

〈improve〉よりも用法が限定されます。〈improve〉が「前よりも良くする」ことを表わすのに対して、〈enhance〉は「良いものをさらに良くする」という限定的な意味を表わします。〈improve〉は、単に「前より良くする」ことなので、「前よりはよくなったが、まだ不満が残る」という状況でも使用可能です。一方で〈enhance〉は、「もともと満足できるレベルのものを、さらに高いレベルにする」場合にのみ使われます。

Although the new filter **improves** the resolution of the image, image quality is still too poor for commercial application.
（新型フィルタによって解像度は向上するが、画質はまだ商業用途には不十分だ。）
→改良後も不満が残るので、〈improve〉を用います。

The new filter **enhances** image resolution, which allows greater commercial application.
（新型フィルタによって解像度が向上し、商業用途をさらに拡大することができる。）
→もともと満足できる解像度をさらに上げるので、〈enhance〉を用います。

Their reputation was **enhanced** by the quality of their advertising campaign.
（宣伝キャンペーンの素晴らしさによって、彼らの評判はさらに上がった。）

The addition of an on-line system **enhanced** the ability to process information and store it for later reference.

（オンラインシステムの導入により、データを処理し、後で参照するために格納していく機能が、さらに向上した。）

❸ augment

〈enhance〉や〈improve〉と同様に、能力・品質・価値・容量などの向上を表わします。また、資金の追加や、（機械やシステムの）部品・装置の増強についても〈augment〉で表わすことができます。ただし、〈augment〉には自動詞の用法はないので注意してください。

Many doctors' incomes are **augmented** by pay from part-time work at hospitals other than their own.
（医者の多くは、他の病院でのアルバイトで収入を補っている。）

❹ reform

〈reform〉と〈develop〉の2語は、〈improve〉〈enhance〉〈augment〉と若干ニュアンスの異なる語です。〈reform〉は、良くない（正しくない）ものの修正・改善を表わす語で、他動詞・自動詞どちらにも使えます。（社会・制度・政治・宗教の）改革・刷新や、（人の）更生・矯正を表わす場合によく用いられます。
ただし、機械・器具などに〈reform〉を用いることはできません。

The prison system in America, being overcrowded and understaffed, should be **reformed** as soon as possible.
（アメリカの刑務所は、超満員のうえに職員不足の状態なので、早急に改善する必要がある。）

It is very difficult for gamblers to **reform**, which often leads them to borrow from loan shark companies in order to support their gambling habit.
（ギャンブラーが更生するのはかなり難しい。ギャンブルの元手を得るために、悪徳金融業者から借金をする羽目になることも珍しくない。）

☞ここがポイント!!
化学の分野では、〈reform〉は「改質する」という意味に使われます。

❺ develop

〈develop〉は代表的な多義語で、他動詞・自動詞どちらにも使えます。
▶他動詞としての用法
〈develop〉は成長・拡大・発展させること、（もの・方式・発想・理論・哲学など

を）新たに構想・開発することなどを表わします。天然資源・人的資源を開発する、という意味を表わすこともあります。

> This method will **develop** his musical talent.
> （この方法は、彼の音楽的才能を伸ばすだろう。）
> The LAN was **developed** by the Xerox Corporation.
> （LANはゼロックス社によって開発された。）
> The damming of rivers to produce hydroelectricity is considered as one way to **develop** natural resources.
> （水力発電のためのダム開発は、天然資源を開発する方法の1つであると考えられている。）

▶自動詞としての用法

成長・拡大・発展することを表わします。（事態・局面が）発生する、（症状が）現れる、という意味を表わすこともあります。

> The ability of an engineer **develops** with experience.
> （技術者の能力は、経験によって向上する。）
> Children begin to **develop** rapidly at the age of 12 or 13.
> （子供は、12～13歳で急速に成長し始める。）

●●●18●●● 適合させる・採用する

adapt / adopt

〈adapt〉と〈adopt〉はスペルが似ており、紛らわしい動詞です。意味の違いをきちんと理解して、適切な使い方をするよう注意しましょう。

ちなみに、〈adapt〉の名詞形は〈adaptation〉、〈adopt〉の名詞形は〈adoption〉です。語尾の違いに注意してください。

❶ adapt（適応・適合させる〔する〕）

もの・発想・理論などが持つ本来の性質を変えて、別の用法・用途・目的に適す

るようにするのが〈adapt〉です。単に「使用する」という意味で〈use〉の代わりに用いてはいけません。

> **ここがポイント!!**

〈adapt〉には、〈aptness（適切）〉〈aptitude（適性）〉などと同様に、「適する」という意味の語幹〈apt〉が含まれています。

> This printing unit is not part of the system being used; however, it can be **adapted** if necessary.
> (この印刷ユニットは現在使用しているシステムに組み込まれてはいないが、必要であれば組み込むことができる。)

〈adapt〉は（本来とは別の）目的・用途にあわせて改造する、という意味も表わします。

> The garage was too small for his car, so he **adapted** it as a workshop.
> (ガレージは彼の車には小さすぎたので、彼はそこを作業場に改造した。)

〈adapt〉を自動詞として使う場合は、（人や生物が）従来と異なる環境に適応するために、自らの習性や機能を変えることを表わします。

> He found it difficult to **adapt** (himself) to living in a foreign country.
> (彼は、外国暮らしに順応することの難しさを悟った。)
> Many people have trouble **adapting** to the hot summer weather.
> (たいていの人にとって、酷暑に順応するのは一苦労だ。)

❷ adopt（採用する・取り入れる）

〈adopt〉も単なる「使用」を表わす語ではありません。既存の目的・要求のために、自身のものではない新たなもの（物質・発想・理論・制度・習慣・手順など）を採用することを表わします。

> He **adopted** foreign customs when he went abroad.
> (彼は、海外で外国の習慣を身につけた。)
> About 50 years ago Turkey **adopted** the Roman alphabet, and some people think that Japan should adopt a simpler writing system.
> (トルコは50年近く前にローマ字表記を採り入れた。日本はもっと単純な表記法を採用するべきだと考える人もいる。)
> Some countries are now trying to **adopt** Japanese management practices.
> (いまや、日本的な経営手法を採用しようとする国もある。)

19　変化する・変動する

change / vary / fluctuate

上記の3語はいずれも変化を表わす動詞です。これらは名詞形を比較してみると、ニュアンスの違いがよくわかります。

　　change（変化する）　　　　　　―change（変化）
　　vary（変化をつける・変化がある）―variation（ばらつき・偏差）
　　fluctuate（変動する・上下する）　―fluctuation（変動）
　　　　　　　　　　　　　　　　　注：名詞形には、いずれも可算・不可算
　　　　　　　　　　　　　　　　　の用法があります。

それでは、具体的な例文でそれぞれのニュアンスを比較してみましょう。

比較①

　The heights of these trees **change** from year to year.
　（これらの木の高さは、年を追うごとに変化する。）
　The heights of the trees **vary** from 5 meters to 12 meters.
　（これらの木は高さが5～12メートルの間で1本1本違っている。）

〈change〉を用いた例文では、木が毎年伸びていることを意味しています。
〈vary〉を用いた例文は、1本1本の高さが異なり、最も低い木が5メートル、最も高い木が12メートルであることを表わしています。
これらの例文の〈change〉〈vary〉を〈fluctuate〉に置き換えると、木が「伸び縮みする」というおかしな文になってしまいます。

比較②

　There is a **variation** (There are **variations**) in the quality of the materials.
　（材料の品質にはばらつきがある。）
　There is a **change** (There are **changes**) in the quality of the materials.
　（材料の品質に変化が生じている。）

〈variation〉を用いた例文では、質（色・硬度・強度・純度など）に「個体差がある」ことを表わしています。
一方〈change〉を用いると、材料が「変質する」という意味に変わってしまいます。

比較③

The number of students **changes** from year to year.
The number of students **varies** each year.
The number of students **fluctuates** each year.
（生徒数は、毎年変動する。）

この例文の場合、どの動詞を使ってもほとんど同じ意味にみえますが、実はニュアンスが微妙に異なります。
〈change〉は単に「変化する」という意味を表わしています。
〈vary〉は「絶えず変動する」というニュアンスに加え、「変動が大きい（multiple differences）」ということも示唆しています。
〈fluctuate〉には、「絶えず変動している」というニュアンスがあります。

••20•• 〜を含む・〜で構成される

contain / include / consist of / compriseなど

❶ contain（〔中に〕入っている）

「包含する」「収容している」という意味を表わします。
〈container（コンテナ）〉という言葉からイメージされるように、「容器・入れ物の中に入っている」というニュアンスを持っています。
〈contain〉の目的語は「中身全部」のこともあれば、「中身の一部」のこともあります。

The bottle **contains** wine.
（そのボトルにはワインが入っている。）

This file **contains** very important data.
（このファイルにはとても重要なデータが入っている。）

次の例文のように、「容器・入れ物」の概念にぴったりあてはまらない場合もありますが、その場合も「中に入っている」という意味を表わします。

An encyclopedia **contains** a great deal of information.
（百科事典には、膨大な量の情報が収録されている。）

His lecture **contained** a description of the special ignition system that the engine uses.
（彼は講演のなかで、そのエンジンに装備されている特別な点火装置について説明した。）

❷ include（〔全体の一部として〕含む）

「中身」としてではなく「部分・要素」として含むことを表わします。

The price of this tour **includes** the flight and the hotel.
（ツアー代金には、航空運賃とホテル宿泊料金が含まれています。）

〈include〉は、例を挙げる場合にも使うことができます。

Semiconductor devices **include** diodes, transistors, and ICs.
（半導体装置には、ダイオード、トランジスタ、ICなどがある。）

〈include〉と〈contain〉に共通する使い方をするのは、次の例文のように、主語が混合物や化合物で目的語が主語の一部を表わす場合です。

Air **contains** / **includes** about 20% oxygen.
（空気には約20％の酸素が含まれる。）

❸ comprise / consist of ～（～で構成される）

これらの表現は、構成要素をすべて列挙する場合に用います。この点で「一部」にしか言及しない〈contain〉〈include〉とは異なります。

Air **contains** / **includes** about 20% oxygen.
（空気には約20％の酸素が含まれる。）

Water **consists of** hydrogen and oxygen.
（水は水素と酸素で構成されている。）

〈include〉を〈consist of〉や〈comprise〉に代えると「他に構成要素はない」というニュアンスになります。そのため、〈consist of〉や〈comprise〉は次のような文脈で用いるのが適切です。

The board **consists of** twelve directors.
（取締役会は、12人の取締役で構成されている。）
The band **comprises** a singer, three guitarists and a drummer.
（そのバンドは、ボーカル1名、ギタリスト3名、ドラマー1名で編成されている。）

主語が集合名詞の場合は、〈be composed of〉または〈be made up of〉を使うこともできます。

❹ make up
constitute （構成する・形成する）
form

〈include〉〈consist of〉などの表現は、いずれも「全体が部分で構成されている」というように「全体」を主語にする場合に使う動詞です。
一方、「部分が全体を構成する」というように「部分」を主語にする場合には、〈make up〉〈constitute〉〈form〉などの表現を用います。

Nine gases **form (constitute / make up)** the atmosphere.
（9種の気体が大気を構成している。）

その他編 ……形容詞・副詞・接続詞など

21 一般的

common / popular

技術文書やビジネス文書などの改まった文章で〈popular〉を用いることは多くありません。〈common〉はフォーマルな文章でもよく用いられます。

❶ popular
「大衆に受けが良い」「評判が良い」というニュアンスを表わします。
たとえば、日本で〈popular〉なものといえば、野球（見る人やプレイする人が多い）などが挙げられます。一方で、日本人に多い「鈴木」という姓を〈popular〉と表現することはできません。「鈴木」という姓は特に好まれているわけでも嫌われているわけでもなく、各自の意思で姓を選ぶことができるわけでもないからです。この場合は〈popular〉でなく〈common〉で形容します。

> **Popular** literature
> （大衆文学）
>
> The company is **popular** with students seeking jobs.
> （その会社は、就職希望の学生に人気がある。）

❷ common
「よく起こる、よく見かける」「ありふれた」というニュアンスを表わします。
汚染・騒音・祭り・テレビ・野球の試合、「鈴木」という姓・台風・地震などはすべて日本で〈common〉ですが、必ずしも〈popular〉ではありません。
〈common〉には、「共通・共有」という意味もありますが、この場合には、後に〈to〉を伴うのが一般的です。

> This is an error **common** among scholars.
> （これは学者にありがちな誤りだ。）
>
> This is a phenomenon **common to** both developing and industrialized countries.

(これは、途上国・先進国両者に共通の現象である。)

●●22●● 違う・異なる

〈distinct〉と〈different〉、〈distinguish〉と〈differentiate〉

❶ 〈distinct〉と〈different〉
双方とも「違う」ということを表わす形容詞ですが、ニュアンスが少々異なります。

▶**distinct（別個の・異質の・はっきり認識できる）**
（性質・種類に）歴然とした違いがあり、他のものとは「明確に区別できる」ことを表わします。

▶**different（違う・異なる）**
差違の程度にかかわらず、単に「同じではない」ということを表わします。わずかに異なるもの、非常に異なるもの、いずれにも使うことができます。

したがって、
　　○　A is a little **different** from B.（AはBとは少し異なる。）
という文章は可能ですが、
　　×　A is a little **distinct** from B.
とすることはできません。ただし、
　　○　A is a very **distinct** from B.（AはBとは全く異なる。）
という文章は可能です。

〈distinct〉は〈difference〉を修飾することもあります。
　　There is a **difference** between A and B.
　　（AとBには違いがある。）
　　There is a **distinct difference** between A and B.
　　（AとBには歴然とした違いがある。）

❷ 〈distinguish〉と〈differentiate〉

いずれも「区別する」という意味を表わしますが、ニュアンス・用法が若干異なります。

▶**distinguish**（識別する）

「何らかの特徴によって識別する」というニュアンスを持ちます。
特徴を表わすには〈by〉を用います。

>　I can always **distinguish** "Koshihikari" rice by its unique taste.
>　（私はいつも、「こしひかり」をその独特な味で識別することができる。）
>
>　He can be **distinguished** easily because of his bright-red beard.
>　（真っ赤なあごひげで、すぐに彼だとわかる。）

▶**differentiate**（区別する・差異を認める）

「複数のものの相違点を厳密・明確に指摘する」というニュアンスがあります。
「複数のもの」について述べる表現であるため、〈differentiate〉は常に2つ以上の目的語をとります。比較対象を表わすには、〈from〉や〈between〉を用います。

>　×　Many people cannot **differentiate** Brazilian coffee.
>　　　→目的語が1つだけで、比較の対象がないため、不自然な文章です。
>
>　○　Although the languages are related, it is very easy to **differentiate** German from English.
>　　　（ドイツ語と英語は関連性のある言語だが、2つを区別するのはたやすい。）
>
>　○　Many people can **differentiate** between "Kirin" and "Sapporo" beer.
>　　　（たいていの人はビールで「キリン」と「サッポロ」の違いがわかる。）

☞ここがポイント!!

〈distinguish〉でも、識別対象を明確に表わすときは、複数の目的語をとることができます。この場合も〈from〉や〈between〉を用い、〈differentiate〉に近い意味になります。

>　Can you **distinguish** "Pepsi-Cola" from "Coca-Cola"?
>　（君は、ペプシコーラとコカコーラを区別することができるかい？）
>
>　It is usually very easy to **distinguish** between a British accent and an American accent.
>　（たいていの場合、イギリス式アクセントとアメリカ式アクセントを区別することはたやすい。）

23　個別の

individual / separate

形容詞〈individual〉と〈separate〉は、どちらも個別性を表わしますが、微妙なニュアンスの違いがあります。

❶ individual（個々の）

〈individual〉は、集団のなかの「個」に焦点を当て、その単独性・単一性を強調する表現です（そこから派生して、社会・家族に対しての「個人」を表わす場合もあります）。

そのため、〈the individual components of a stereo system（ステレオセットを構成する個々の部品）〉のように、グループやセットの構成要素に関する表現によく使われます。

The **individual** parts of a motor function together to produce mechanical power.
（モーターの各部品が調和して機能し、機械的な力を生み出す。）

each **individual** patient（患者1人1人）

☞ここがポイント!!
〈each〉は、「患者」「木の葉」など共通性を持つ集団内での「個」に言及する場合につきます。

❷ separate / separately（別々の／別々に）

〈separate〉は、対象を何かとは「別」のものとしてとらえ、独立性・分離性を特に強調する表現です。次の例文を見れば、〈individual〉と〈separate〉のニュアンスの違いがよくわかります。

The **individual** units of the system are boxed **separately**.
（そのシステムの各ユニットは個別に梱包される。）

次のような場合にも〈separate〉を用います。

Domestic mail and overseas mail must be put into **separate** slots in post boxes.
（国内郵便と国際郵便ではポストの投函口が異なります。）

Water and oil will not mix; they always remain **separate**.
（水と油は混ざらない、常に分離したままである。）

24　効率的・効果的

efficient / effective / efficacious

上記の3語は意味もスペルも似通っているため、使い分けが難しい語です。

❶ effective（効力のある・効果的な）→名詞形は〈effectiveness〉
「注目に値する結果・好ましい結果・効果を出す」というニュアンスです。
他に、「発効している」「実質上の」という意味もあります。

❷ efficient（効率の良い・能率的な）→名詞形は〈efficiency〉
「無駄を省き、最小限の努力（または費用）で最大の効果をあげる」というニュアンスがあります。

❸ efficacious（効き目のある・有効な）→名詞形は〈efficacy〉
〈effective〉の堅い表現、医学的な治療について用いることがほとんどです。

次の例文で、ニュアンスの違いを確認してみましょう。

An **effective** way to make a small hole in one's garden is to hire a mechanical shovel and an operator to do the job. But this would be a tremendous waste of energy, time and money, and would therefore definitely not be **efficient**!
（個人の庭に小さな穴を掘るのにショベルカーを借り、その操縦者を雇うのは、効果的な方法ではある。しかし、膨大な労力・時間・お金が無駄になるので、効率的とは決して言えない。）

Efficient people produce the required results with the minimum of expense, effort and time; **effective** people do not necessarily avoid unnecessary expense, effort and time.

（効率を重視する人は、最小限の費用・努力・時間で求められる結果を出す。一方、効果を重視する人の場合、必ずしも不必要な出費・努力・時間を避けるとは限らない。）

•••25••• 人工的な・不自然な

man-made / artificial / synthetic / unnatural

〈man-made〉〈synthetic〉〈artificial〉は非常に近い意味を持っています。何かを表現するために3語のどれを選ぶかには注意が必要です。

❶ man-made（人の手による）
〈man〉という語が含まれていることからもわかるとおり、「人間によって造られた」という意味を表わし、主に次のような対象を形容します。
この形容詞は、物体に関して用い、物質に関してはあまり用いません。なかでも自然の地形について用いる場合が多いようです。
最終製品ではなく、これからさらに合成されるものを〈man-made〉で表現することはあまりありません。

（主な修飾対象）
▶ 人間によって大規模に複製された地形
　dams（ダム）　　　　　**man-made** lakes（人工湖）
　windbreaks（防風林）　**man-made** beach（人工ビーチ）
　tunnels（トンネル）　　**man-made** islands（人工島）

The Great Wall of China is one of the most impressive **man-made** features on earth.
（中国の万里の長城は、地球上でいちばん印象的な、人工の地形のひとつである。）

❷ artificial（模造の）

〈artificial〉は、自然界に存在するものの複製であることを表わし、あくまで「自然のものではない」ことを強調する形容詞です。〈man-made〉と似ていますが、〈artificial〉は地形には使えません。

人工的につくられた最終製品を形容する場合は〈man-made〉〈artificial〉のいずれも使えます。

- **artificial** heart（人工心臓）
- **artificial** sweetener（人工甘味料）
- **artificial** bait（疑似餌）
- **artificial** cream（人造クリーム）
- **artificial** pearls（人工〔模造〕真珠）

These days most homes display an **artificial** Christmas tree.
（最近ではほとんどの家が、作り物のクリスマスツリーを飾っている。）

❸ synthetic（合成の）

自然界に存在する物質を、化学合成によって複製したものについて用いる表現です。具体的には、化学的・分子的な構造が自然界に存在する物質と同じもの、または構造は変化していても関連物質だと認識できるものを指します。〈synthetic〉で形容されるものは、オリジナルと同じ機能を発揮するように設計されており、原物より優れた品質を実現している場合も珍しくありません。

- **synthetic** oil（合成油）
- **synthetic** resin（合成樹脂）
- **synthetic** fiber（合成繊維）

The major difference between petroleum and **synthetic** oil is heat tolerance.
（石油と合成油の主な違いは耐熱性にある。）

上記の3語はいずれも「人工のもの」を表わす表現ですが、次に挙げる〈unnatural〉はまったく違う意味の表現です。混同しないように注意しましょう。

❹ unnatural（不自然な）

「（異質なものが）一般的な環境に適合していない状態」を表わす表現です。この語には、「予期しないような」「普通でない」というニュアンスもあります。

After the release of the pollutant into the river, the water became an **unnatural** color.

（汚染物質が川に流されたため、水が不自然な〔異様な〕色になった。）

His pronunciation was a little **unnatural**, so I immediately knew that he was not a native speaker of English.
（彼の発音は少々不自然だったので、彼が〔英語の〕ネイティブ・スピーカーでないことが私にはすぐにわかった。）

26 電気の・電子の

electric / electrical / electronic(s)

❶ electric（電気の）
〈electric〉には次のような3つの意味があります。
▶電気を起こす
　electric generator（発電機）
　electric eel（電気ウナギ）

▶電気で動く
　electric clock（電気時計）
　electric radiator（電気ストーブ）
　electric toothbrush（電動歯ブラシ）

▶電気的な
　electric charge（電荷）
　electric shock（感電）
　electric field（電界・電場）

❷ electrical（電気関連の）
電気に関するものを表わす表現です。
　electrical engineer（電気技師）

electrical properties（電気特性）
electrical storm（雷雨）

❸ electronic(s)（電子の・コンピューターの）
電子・コンピューターの働きで動く機器や、電子工学に関連するものを表わします。

＊electric（強電の）⇔ electronic（弱電の）

electronics industry（エレクトロニクス産業）
→コンピューター・テレビ・ラジオなどの電子機器を扱う業界
electronic equipment（電子機器）

27 たとえば・〜のように

for example / for instance / e.g. / such as / like / as / say

例示を意味する表現には様々なものが豊富にあるため、用法が混同されることもあります。意味は似ていますが、ニュアンスがそれぞれ異なります。ここでは使用上の注意点をいくつか挙げておきます。

❶ for example
　e.g.（ラテン語〈exempli gratia〉の略語）　（たとえば）
　for instance

これらの表現は、実例を挙げ、それらの例に注目を集めたい場合に用います。たいていは、概要を挙げた後に具体例や説明を述べる、という文脈で用います。

ⓐ Seeds must obtain from the environment their requirements for growth, **for example**, the right nourishment and temperature.
（種子は、生長するための要件、たとえば適切な養分や適正な温度といったものを周囲の環境から確保しなければならない。）
→〈requirements〉の具体例が〈for example〉の後ろに続いています。

ⓑ Some plants twist and break the walls of their fruit so that the seeds are thrown or shaken out, **e.g.**, the pea, the bean, and the poppy.
（植物のなかには、エンドウマメ、ソラマメ、ケシのように、実の皮をねじったり破いたりして種子を飛ばすものもある。）
→〈plants〉の具体例が〈e.g.〉を用いてあげられています。
「〈e.g.〉＋具体例」は、〈plants〉の直後に置いてもよいでしょう。

ⓒ They refused to alter their attitude even slightly—**for instance**, they continued to maintain angrily that there was no danger and attempted to support their point of view with examples of similar situations.
（彼らは少しも態度を変えようとしなかった。たとえば、危険がないことを腹立たしげに主張し、同じような状況を例にあげて自分達の意見が正しいことを立証しようとした。）
→まずは、「彼らの態度は少しも変わらなかった」と総括し、どのような態度であったかを〈for instance〉以下で具体的に説明しています。

☞ここがポイント!!
〈for example〉〈e.g.〉〈for instance〉の前後には、カンマを打つのが一般的です。

❷ such as（〜のような・〜といった）

〈such as〉には「ところで」「ちなみに」のように、「参照のため、ついでに挙げておく」という語感があります。〈for example〉などと同様に、総括したうえで具体例を挙げる場合に用いますが、例示する内容に特別なウェートを置かないで述べる表現です。
原則的に、〈such as〉は「概要・総称」に相当する語（たとえば例文ⓓの〈requirements for growth〉、例文ⓔの〈seeds〉など）の直後に置きます。

ⓓ In order to develop, seeds must obtain from the environment requirements for growth, **such as** water and air.
（種子は、水や空気といった生長するための要件を周囲の環境から確保する必要がある。）

ⓔ Some seeds, **such as** those of burdock, are dispersed by animals to whose fur they adhere.
（種子のなかには、ゴボウの種のように動物の毛に付着して分散するものもある。）

🖙 ここがポイント!!

〈, such as...,〉というように、〈such as〉の前、ならびに例示部分の後にカンマを入れて区切ります（文末に来る場合は後のカンマの代わりにピリオドが入ります）。

❸ like（〜など・〜のような）

〈such as〉と〈like〉はほとんど同じ意味を表わし、例文ⓓⓔの〈such as〉は〈like〉で置き換えることができます。

〈such as〉と同様に〈, like ...,〉と前後をカンマで区切るのが一般的です。

 ⓕ Some rooms were redecorated, **like** the kitchen.
 （キッチンなど、いくつかの部屋を改装した。）
 ⓖ Some components, **like** screws, were replaced.
 （スクリューなど、いくつかの部品を交換した。）

〈like〉には、類似のものを示す意味もありますので、取り違えないように注意しましょう。この場合は、〈like〉の前にカンマを打ちません。
（例文ⓕⓖでは、カンマを省いて〈like〉を「〜のように」と解釈すると、「いくつかの部屋を台所のように改装する」「スクリューに類似した部品がいくつかある」という不自然な内容になってしまいます。）
ただし、カンマのない〈like〉には、例示・同類どちらの意味なのかがはっきりしない場合もあります。

❹ as

例を示す場合には〈as〉を使わないほうが無難です。〈as〉には「〜なので」「〜として」などの様々な用法があるので、解釈の混乱を招いてしまう可能性があります。辞書の解説のように字数の限られた文章を除き、例示の〈as〉は使わないのが基本です。「たとえば」の訳には、〈as〉ではなく〈for example〉を用いるようにしましょう。

❺ say（ところで）

「ところで」「そういえば」といった例を示す用法もありますが、かなりくだけた表現なので、改まった文書には使いません（数詞の前に挿入された〈say〉は、「およそ」を意味する場合があります）。

❻ その他のポイント

▶〈For example〉〈for instance〉〈like〉の3語は、文頭で用いることができますが、

その場合、文法的に完結した（主語・述語を備えた）文が後にくることが絶対条件となります。それ以外の語は、〈for example〉の省略形である〈e.g.〉も含め、文頭では使えません。

▶〈e.g.〉を〈i.e.〉(「すなわち」を表わす〈that is〉の省略形）と混同しないよう注意してください。

▶上記の例文には、表現の置き換えができるもの、できないものがあります。
　▶例文ⓐの〈for example〉は、〈such as〉または〈like〉に置き換えることができますが、強調のニュアンスは失われます。
　▶例文ⓑの〈for example〉を、〈such as〉や〈like〉に置き換えても誤りではありません。ただし、〈seeds〉と〈such as〉〈like〉が離れているので、あまり良い構文とはいえません。
　▶例文ⓒの〈for instance〉は、〈such as〉や〈like〉に置き換えることができません。
　▶例文ⓔの〈such as〉は、〈for example〉や〈like〉に置き換えることができます。
　▶例文ⓕⓖの〈like〉は、〈for example〉に置き換えることができます。

28　つまり・言い換えれば

namely / indeed / that is / or / in other words

上記の5語は言い換えを表わす表現です。微妙なニュアンスの違いを理解するのは難しいかもしれませんが、以下の説明を参考にしてください。
注：これらの表現を文中で用いる場合、前後にカンマを打つのが一般的です。

❶ namely
　viz.（ラテン語〈videlicet〉の省略形）　　（つまり・すなわち・こと〜）

直前に述べたものの名称を具体的に挙げる際に用いる語です。〈namely〉はどち

らかといえば、1つのものについて用いる場合が多いようです（次の例文でも〈only one country〉や〈one of Einstein's theories〉を言い換えています）。

Only one country, **namely** the U.S., has more golf courses than Japan.
（日本よりゴルフ場が多いのは、ただ1カ国、つまりアメリカしかない。）
One of Einstein's theories, **namely**, that the passing of time is affected by gravity, has recently been verified with great accuracy.
（アインシュタインの理論の1つ、すなわち「時間の経過は重力の影響を受ける」という理論は、近年極めて正確に立証されている。）

☞ここがポイント!!
「〈namely〉＋言い換えた内容」が文末にくる場合、〈namely〉の代わりにコロン（:）を使うこともできます（コロンに代えても意味は変わりません）。

❷ indeed（むしろ・全く・実際）
直前に述べた内容をさらに展開・強調・確認する場合に用いる表現です。

Chess is very popular in Moscow; **indeed**, all over Russia.
（チェスはモスクワで、いやロシア全体で大変人気がある。）
She acted very well; **indeed**, she gave a most delightful performance.
（彼女はとても演技が上手い。実際、この上なく魅力的な演技を見せてくれた。）

❸ that is (to say)
　　i.e.（ラテン語〈id est〉の省略形）　（つまり・言い換えれば）

前に述べた内容について、わかりやすく言い直す場合に用います（新たな情報を加えて内容を発展させているわけではありません）。

The things that are left behind by passengers in trains, **that is**, the things that are collected by railway staff at the terminals and deposited in the Lost Property Offices, are astonishing in both nature and variety.
（乗客が列車に置き忘れたもの、つまり係員が駅で集め、遺失物案内所で保管されている忘れ物には、驚くほど様々なものがある。）

Psychiatry, **that is**, the study and treatment of mental illness, is an important part of modern medicine.
（精神医学、つまり精神疾患に関する研究・治療は、現代医学において重要な

位置を占めている。)
→この例文は、語順を入れ替えれば〈namely〉を用いることもできます。
（〈namely〉を用いて、詳細な説明を「精神医学」という学問名に言い換えているわけです。)

The study and treatment of mental illness, **namely** psychiatry, is an important part of modern medicine.
（精神疾患に関する研究と治療、つまり精神医学は、現代医学において重要な位置を占めている。)

☞ここがポイント!!
次に説明する〈or〉や〈in other words〉は、〈that is〉と用法が非常に似ており、使い分けが明確ではありません。

❹ or（すなわち・つまり）
前述の内容を、ごく短い表現（1語または数語）で言い換える場合に使います。また、先に述べた語の別称（外来語、方言、古語など）を挙げる場合にも〈or〉を用います。

H_2SO_4, **or** sulfuric acid, is a strong acid.
（H_2SO_4、すなわち硫酸は、強酸の一種である。)
MLM, **or** "multi-level marketing," involves pyramid schemes which usually promise you'll make money with almost no effort.
（MLMすなわち「マルチ商法」は、通常ほとんど努力をしないで金儲けができると約束するネズミ講のことである。)

❺ in other words（つまり・言い換えれば）
前述の内容を明確にするため、比較的長いフレーズで説明する場合に用います。〈in other words〉の前後を2つの文に分けることが多いため、〈in other words〉には、文頭に来やすいという特徴があります。

The preparation of a technical translation requires special care. **In other words**, a translator has to make every effort to use the correct technical terms, to copy data with 100% accuracy, not to omit any idea present in the original, and not in any way to distort the meaning .
（技術翻訳に取りかかる前に、細心の注意をする必要がある。つまり、翻訳家

は正確な技術用語を用い、100％正確にデータをコピーし、訳抜けや誤った解釈を防ぐために、努力を怠ってはならない。)

If a business report is inaccurate in terms of expression, the writer has to discipline himself more: **in other words**, to make further study of grammar and syntax, to make more effort in using both technical and non-technical dictionaries, and to make certain that he checks everything he has written.
(営業報告書に不正確な表現がある場合、作成者はもっと努力する必要がある。具体的には、文法・構文をしっかり学習し、専門辞書や一般辞書を使いこなすよう努力を重ね、自身の文章を細部に至るまで推敲する習慣を付けなければならない。)

索 引

*和文索引は50音順に、欧文索引はアルファベット順に配列した。
*項目に対する説明があるページは太字で示した。
*一連の説明が複数ページにまたがる場合は、ページをハイフン（ - ）でつないだ。
*補足事項は（ ）で括った。
*参照項目は矢印（→）で示した。

和文索引

ア行

明らかに **150**
（色が）鮮やかな **39**
味 **37**
穴の種類と形 **44-6**
あまり〜ない 130, 151, **243-4**
あまり〜なので 177-178, **183**
あやうく **242-3**
あり得ない **150**
（〜が）あり得る **233**
ありそう・ありそうもない **150-1**
ありふれた **293**
ある程度 **132**
言い換えれば **305-6**
以下 151, **249-50**, 282
意義 **269**
いくつか **61**, 142, **236**, 273
いくらか 129, **167**
異質の **294**
以上 75, 86, 104, 115, 116, 167, **249-50**
位置（場所） **90-120**
位置合わせ **115-6**
一群 **236**
一般的 **293-4**
いつも **146-7**, 201, 230, 295
異物 **270-1**
色 **38-40**
動き（動作） **125-6**
後ろに **108**
（味が）薄い **37**
渦巻 **17**
促す **177**, 181

裏返し **111**
裏に **118**, **223**
運賃 **266**, 291
影響 **183**, **261-3**, 305
営業 242, 253, 267, 307
影響力 **262-3**
円 **17**
遠近 **101-3**
円弧 **18**
円周 **18**
円錐 **19**
円柱 **18**
延長（する） **278-9**
追い風で **124**, 182
凹面の **21**
大いに **133**, 195
大きさ **23-6**
大きな数 **50-3**
多くの **62**, 108, 111, 140, 142, 177, 183, 205, **236**, **242**, 254, 257, 286
大幅に（大幅な） **129**, **156**, 279
おかげで **179-80**, 279
（〜）おきに 80, **148**
押す 103, **125**, 188
汚染 139, 197, **270**, 299-300
表に **118**, 223 →前に（位置）
およその数（概数） **60-4**
降ろす **125**

カ行

改革（する） 182-3, **286**
改質する **286**
介して **205**

外周　**18**
概数（およその数）　**60-4**
改善（する）　**284-6**
開発（する）　205, 277, **286-7**
価格　83, 151, 159, 211, 262, **265-7**
隔～　**148-9**
核　34, 175
学術文書の数値表記　**69-71**
角錐　**19**
拡大（する）　154, 181, 276, **278**, **285-7**
角柱　**19**
拡張（する）　205, **278**
角度　103, **115-6**, **124**
確率　**150-1**
囲まれた状態　**107-8**
カタカナ　**248-9**
形　**16-22**
過程　179, **197**, 200, 204-5, 262
かなり　**61-2**, **128-9**, 132, 140, **142**, **156**, 252, 286
（～の）可能性がある　**228-9**, **231**, **233**, 242, 256
（～が）可能である　**231-2**
（～を）可能にする　**276-7**
上手（かみて）　**114**
～かもしれない　**150**, 223, **228-9**
～から…まで　**83**, **86**
駆り立てる　**177**
下流　**114**
かろうじて　**227**
変わりやすい　**245-6**
間隔（で）　104
喚起する　**178**
間接的原因　**180-2**
完全に　**128**, **130-1**, **150**
完璧に　**128**, **130-1**
記憶力　**256**
器械　**272**, **274**
機械　26, 75, 135, 167, 256, 257, 270, **272-5**
期間　**85-6**
機器　182, 189, 244, 259, **271-5**, 301
効き目のある　**297-8**
器具　247, 248, **272-4**
期限　**82-3**
器材　**272**
技術　179, 184, 202, **255-7**, 279

記述する　**282**
技術文書の数値表記　**69-71**
基調　**155**
きっかけ　**177-8**
きっかりに　**149**
機能（する）　87, 136, **189-91**, **257**, 285-6, 296
きめが細かい（粗い）　**36**
逆風で　**124**
球　**18**
境界線　29, **32**
矯正（する）　**286**
共通の　**293-4**
業務　176-7, **254**
距離　**104-5**
技量　**256**
区域　63, 205, **263-4**
管　**18**
九分どおり　**131**
区別する　**295**
窪み・凹み　**44-5**
グラフの数値表記　**54-5**
計器　**274**
傾向　**154-5**
形成する　**292**
経費　63, **266-7**
経由して　91, **123**, 205
形容詞　**210-3**
結果　63, **88**, 167, **173-85**, 188, 233, **261-2**
月賦　**268**　→ローン
弦　**18**
原因　**173-185**, 265
原価　**266-7**
研究　205, 252, **264-5**, 267, 305-6
言及する　**284**
元号（年号）　**79**
検査　212, 256, **265**
原材料　**269**　→材料
減少（する）　**154-5**
件数　**235**
検討（する）　**279**
（味が）濃い　**37**
効果　113, 136, 176, **183**, 262
公害　**270**
効果的　**297-8**
交換（する）　**279-80**, 303
工具　**274**

309

貢献する　**180-1**
交差する　**43-4**
向上（する）　232, 262, **284-7**
更生（する）　**286**
合成（の）**298-9**
（〜で）構成される・構成されている　109, 260, **291-2**
構成要素　260, **269**, 291-2
構想（する）　**286-7**
光沢　**40-1**
工程　**197**
後方に／後方へ　**109**, **118**, **122**
効率的　**297-8**
効率の良い　**297**
効力のある　**297**
国際単位系（SI）　**66-8**
個々の　**296**
個体差がある　**290**
（〜する）ことができる　33, 40-1, 62, 87, 113, 197, 200, 202, **213**, **232-3**, **276-7**, 283, 285, 288, 295
異なる　168, **294-6**
（〜）毎に　**148**
こともある　151, 252, 262
個別の　**296-7**
固有性　**258-9**
コンピュータ（の）　102, 179, 200, 204, 269, 275, **301**

サ行

最後に　83, **84**, 97
最初に　**83**
サイズ　23-5, 139, 238, 280
才能　**256-7**, 287
採用（する）　**287-8**
材料　35, 40, 198, 201, 237, **261**, **269**, 289
　→原材料
刷新（する）　**286**
さほど〜ない　129, **244**
左右に　**124**
作用　200, **262-3**, 273
ざらざら　**36**
三角形　**17**
三次元の形　**18-9**, 27-8
仕様表　**216-7**
市価　266

時間　**78-88**
識別する　**295**
事業　177, 253
仕組み　33, 176, 177, 183, **196**, 273
時刻　**80-1**
仕事　130, 147, 167, 184, 203, 210, 238, 244, **252-5**, 256　→職業
事実上　**131**
支出　**267-8**
事情　**260**
実際　**305**
実質的　**131**
実証する　**283**
〜しながら　**85**, 100
〜しなければならない　30, 40, 82, 166, **246-8**, 281, 301, 307
しなやか　**35**
〜しにくい　35, 42, **244-5**
占める　**164-5**, 305-6
下手（しもて）　114
収容力　**255-6**
重量　**25-6**, 66, 69, 73, 138, 168, 170, 211, 217
手段　**193-205**　→方法
手法　**195**, 212
順序（時間）　**83-4**
順応（する）　**288**
小数　**57-8**
消費　**267-8**
上部に　**27**, 103, **108-9**, 114, 117
正面（正面に）　**28**, **108**, 117
上流　105, **114**
職業　**252-4**　→仕事
徐々に　**155-6**
序数　**58-60**
処置　**197**
処理　62, **197**, 230, 286
知らせる　**281**
人工（的）　181, **298-9**
伸張（する）　**278**
遂行（する）　246-7
垂直に　**122**, 124
垂直方向の位置関係　**112-5**
水平に　**116**, 123
図解する　**283**
すなわち　**304-6**
図表の数値表記　**54-5**

〜すべき **246-8**, 256
すべて　131, **166**, 246-7, 254, 269, 273
滑りやすい　36
するために　27, **188**, 279, 285-6
寸法　**23-5**
世紀　79
生産能力　**255-6**
性質　**257-62**
整数　**48-54**
成長・生長（する）　181, **286-7**, 301-2
製品説明　**214-7**
成分　**268-9**
正方形　16
接線　18
絶対的な程度　**130-2**
絶対に　**130-1**
設備　178, **271-2**
説明（する）　**209-15**, 282-3
線　**43-4**
前後関係（時間）　**84-5**
潜在能力　256
先日　224
先端　22, **29**, 32-3, 201, 214
先端の形　22
前方　**109**, 117-8, 122
前面　**27-8**, 115
全面的に　**131-2**
増加（する）　**129**, 141, **154-8**, 278-9
増大（する）　279
相対的な程度　**128-30**
装置　178, 190, 196-7, **271-5**, 291
相当の　**61-2**, 129, 156
属性　258
速度　67, **169**, 171, 259
側面　**27**, 115, 118-9
底　**33**, 110, 119
底ばい　160
底を打つ　**160-1**
素材の種類・特性　**34-6**
素質　255-6
そば（隣り）　**102-3**, 106
揃える／合わせる　115

タ行

対応　183
対価　**265-7**
代価　**266-7**
対角線　18
耐久性　36
台形　16
大衆に受けが良い　293
対象期間　**82-3**
代替（する）　280
（大）多数の　242
大部分　**166-7**
代用（する）　**279-81**
平らな　**21-3**, 116
代理　**279-81**
楕円　17
たくさんの　61
確かに　150
多数の　236　→大多数の
たとえば　261, **301-3**
たびたび　146
多分　150
多辺形　**16-7**
卵形　19
〜だろうに　228
単位　**66-76**
地域　169, 180, **263-4**
近い　→遠近
違う　130-1, 195, 223, 289, **294-6**
地区　264
地形　**119-20**
地方　**263-4**
中心点（部）　**18**, 33
調査　60, 63, 179, **264-5**
頂点　32
長方形　16
直接的原因　**174-80**
直線　43
直角に　44, 116
直径　**18**, 24
追究　265
（〜を）通じて・通して　103, **205**, 230
　　→通して
通知する　281
月（12カ月）　78
次に　**83-4**
（〜に）つながる　175, 182
つまり　166, 254, **304-6**
つや消し　41

つるつる　36
T字型　**20**
定義　**208-9**
定職　**254**
停滞　**154**
程度　**128-32**
適応（する・させる）　**287-8**
適合（する・させる）　**287**
適している　36, 233, 258
適正な　301
できるだけ　116, 195, **232**, 281
〜できれば　**228-9**
手順　**196-7**, 283
手数料　85, **265-6**
手続き　**196**
徹底的に　**133**
手前に　**105**
電気（の）　93, 94, 189, 254, 267, 272, **300-1**
電子（の）　182, 260, 276, **300-1**
点線　**43**
同期・同調して　**87**
道具　194, **271-5**
動作（動き）　**125-6**
同時代に　**87**
同時に　**87**
同時に起きている状態　**86-7**
当然　**248**
透明（度）　**40-1**
遠い　→遠近
通り過ぎる　**126**
とがった　22, **35**
時々　**146**
特質　**258**
特色　**258-9**
特徴　166, **257-9**, 295
時計回りに　**125**　→反時計回りに
ところで　**302-3**
土台　**33**
凸面の　**21**
隣り（そば）　**102-3**, 106
取り入れる・採り入れる　**288**

ナ行

内容　132, **269**
中身　29, **269**, 290-1
（〜し）なければならない　30, 40, 82, 166,

246-8, 281, 301, 307
〜など　**303**
斜めに　22, 29, **123**
〜なので　**178-9**, **184-5**, 280, 282, 286, 288, 300
並び順（場所）　**106-7**
におい　**37-8**
（〜し）にくい　35, 42, **244-5**
二次元の形　**16-8**, 26-7
〜につれて　**85-6**
〜に向かって　**122**, 124
人気がある　**293**, 305
ねじれた　**22**
年月日　**78**
年号（元号）　**79**
年代　**79-80**
〜の間中　**86**
能率的　**297**
能力　**229-31**, **255-7**, 284, 285
伸ばす　**126**, **278**, 287
伸びる　33, 166, **278-9**
述べる　**282-3**
〜のほかに　210, **223**
〜のような　233, **302-3**
〜のように　46, 260, **302-3**

ハ行

パーセンテージ　**159**, **164-5**
ハート型　**20**
倍（数）　**140-1**, **158-9**, **170-1**, 256
背後に　**108**, **118**, 126
（中に）入っている　100, 123, 141, 271, **290-1**
端　22, **28-30**, **32**, 45, 97, 99, 113, 199, 201
端の形　**22**
場所（位置）　**90-120**
波線　**43**
破線　**43**
働きをする　**190**
発生（する）　**176**, 287
発展（する）　181, **286-7**
話に出す　**284**
ばらつき　**289**
範囲　110, 230, **263**
半円　**17**
半径　**18**
番号　50, **234-6**

半透明　40
反時計回りに　123　→時計回りに
ハンドル　123, 125, 190, 201-2, **249**, 274-5
半分　**53**, **159**, **171**
比（率）　105, 141, 166, **168**　→割合
比較　**133-43**
引き起こす　**175-8**, **182-5**
引き金（となる）　**177-8**
菱形　16
日付　78
必要がある　184, **247**, 279, 280, 286, 302, 306-7
等しい状態　**135-6**
等しくない状態　136
一役買う　**180-1**
備品　**271-2**, 274
費用　63, **265-8**, 297-8
評判が良い　285, **293**
表面　21, **27-8**, 34, 36, 41, 212
表面の形状　**21**
ピラミッド形　19
比例　166
頻度　**146-9**
頻繁に　146
V字型　**20**
増える・増やす　129, 141, **154-9**, 176, 178, 256, **278-9**
（～を）含む・（～が）含まれている　50, 165, 195, **290-1**
不自然（な）　**299-300**
縁（ふち）　**22**, **28-30**, **32**, 94　→端
縁の形　**22**
物質　29, **258-61**, 269-70, 276
不透明　**40-1**
部品　**269**, 274-5, 280, 296, 303
分数　**55-6**
分析力　256
並行して　**85-7**, 116
平行に　**43**, 116
並列（場所）　**115-6**
（～す）べきだ　**246-8**, 256, 288
別個の　**294**
別の　**222-3**
別々（に／の）　**296**
辺　16-7, **26-8**, 32
変化（する）　**155-61**, 176, 254, **289-90**
変化のスピード　**155-6**

変化の程度　**156-60**
偏差　289
返済　268
編成されている　292
変動（する）　**160-1**, **289-90**
（～する）ほうがよい　**247-8**, 280
方向性（向き）　**108-12**, **122-4**
方法　171, **194-205**, 279, 287, 297　→手段
法令文書の数字表記　**54**
ほかの　138, **222-3**, 277, 281
補助倍数　→国際単位系
細長い形　**22**
ほとんど　64, 108, **131**, **146**, 166-7, 198, **242-3**
ほとんど～ない　**61**, 132, **146**, **150**, 167, **227**, **242-3**
本質　258
（色が）ぼんやりした　**39**

マ行

毎　72, **147-9**, 169
前に（位置）　**109-11**　→表に
曲げにくい　**35**
真上　**112-4**
マグニチュードの数値表記　**57**
曲げる　35, 126
真下　**112-4**
まだら　42
～までずっと　**238-9**
までに　82, 151, 156-7, 159, **238-9**
回す　125
三日月形　**17**
ミシン目　**46**
向かい合わせの　**110-2**
向き（方向性）　**108-12**, **122-4**
無地の　**41**
むしろ　**305**
明記する　**283**
明言する　**283**
明示する　**283**
命令形　**247**
メートル法　**66-8**
めざましい　157
めったに～ない　**146**, **228**
めったにない　**227-8**
面　**27-9**, 31
面している　**94**, **111**, 114, 120

索和文索引

313

面積　25
もうひとつの　**222**
(〜の) 目的で　**188-9**
もしかすると　**150**
模造 (の)　**299**
持ち上げる　30, **125**, 203
もっぱら　**131**
模様　**41-2**
問題　167, 179, 245, 258, **260**, 283

ヤ行

ヤード・ポンド法　**68-9**
役立つ　181-2
(〜し) やすい　35-6, 101, **181-2**, 213, **244-7**, 273
有効な　256, **297-8**
U字型　**20**
誘発する　**176**
弓形　**18**
ゆるやかに　**156-7**
用具　**271-2, 274-5**
様式　**195**
容積　**25-6**, 66
要素　**268-9**
曜日　**78-9**
容量　26, 57, 63-4, 69, 74-5, 139, 278, 286
余儀なく　**177**
よく起こる　**293**
よく見かける　**293**
横に　**108-9, 118, 122**
横ばい　156, 161
より良くする　**284-5**

ラ行

らせん　**17, 19**, 124
乱高下　**160**
立方体　**19**
理由　**184-5**
流量　**169**
(の) 理由で　**184-5**
領域　**263**
料金　85, **169**, 185, **265-7**, 291
歴然とした違いがある　**294**
連絡 (する)　**281**
労働　**252-3**
ローン　179, **266-8**　→月賦

ワ行

脇に　92, **108-9**
枠　**30-2**, 112
わずかに　**129, 156-7**
割合　**164-8**, 269　→比 (率)
割引価格　266
湾曲した　**21-2**

欧文索引

ability **255**, 285, 287
above（位置・場所）**112-5**
absolutely **130**, 132, 150
achieve 205, 262
across 24, **94-5**, **97**, **123**
adapt **287-8**
adjacent **102-3**
adjoining **103**
adopt 50, **287-8**
affect **261-2**, 305
after（時間）45, 60, 63, **82-4**, 147, 161, 167, 168, 253, 279, 299
after all **88**
against 29, **103**, 231
ahead of **106-7**
align **115-6**
allow 64, 104, 256, **276-7**, 285
almost 64, **131**, 140, **143**, 146, 148, 195, 230, **242-3**, 306
along 24, 32, 46, **95**, 120, **123**
always **146**, 199, 225, 230, 295, 297
among 54, **108**, 293
amount of **62-3**, 137-8, 141, 165, 168, 279
angle 44, 103, 116, 124
another 43, 60, 82, 102, 176, 197, **222-3**, 253, 281
apart 101, **104**, 223, 227
apparatus 247, **271-2**, 275
appliance **272**
approximately 18, 25, **62**, 147
apt to **181**
aptitude **255-6**, 288
around 32, 50, **62**, 104, 113, 175, 228
artificial **298-9**
as（～のように）210, 231, 235, 253, 254, 255, **303** /（時間）**85-6**, 87 /（比較）**135-8**, 140-1, 143, 170 /（原因・結果・理由）30, 88, 113, 178-9, 183, 185, 190,194, 229 /（～として）230, 256, 287-8 /〈as～as one can〉232 /〈as～as possible〉232, 280-1, 286　→〈as soon as〉〈so as to〉〈such as〉
as soon as **86**, 93, 94, 99, 280-1, 286
ascribe **182**

attribute **182**
augment **284-5**
away from **92-3**, **104**, **122**, 223
back **27**, 181, 199, 223 /〈at the back of〉118, 223 /〈back and forth〉124
badly **133**
barely **227**
be able to 151, **228-9**, 231
be to 189, 191, **248**, 297
because of **178-8**, **184**, 295
before（時間）**82**, **84**, 123, 166, 197, **238**, 247, 256
behind **106-9**, **118**, 126, 305
below **112-5**, 202, 282
beside **108-10**, 118
between（位置・場所）**107-8**, 270 /〈between ～and…〉（時間）83, **86**, 157-60 /〈between ～and…〉（位置・場所）104-5, 107-8
beyond 30, **105**
both 84, 133-4, 199-200, 203, **226**, 293, 305, 307
bring about **176**
business 130, 176-8, 180-9, 195, 203, **252-3**, 264, 307
by（時間）49, 131, 151, 156-7, 159, **238-9** /（手段・方法）28, 30-2, 46, 60, 113, 123, 151, 156-60, 165-8, 174, 184, 196, **198-204**, 212, 217, 245, 254, 262, 271, 278, 283, 285-7, 295, 302, 305 /（位置・場所）23-5, 102-4, 118　→〈caused by〉〈made by〉
by using **203**
capability **255-7**
capacity 26, 66, 69, 74-5, 139, 169, **255-6**, 284
cause（名詞）**178**, **181**, **184** /（動詞）**174-5**, 179, **181-2**　→〈caused by〉
caused by 179, **182**
certainly 150, 181
change 176, 227, 245, **279-80**, **289-90**
changeable 245
character **257-9**
characteristic 167, **257-9**
charge 56, 99, **265-7**, 300
clockwise 125　→〈counterclockwise〉

315

close　37, 45, 83 /〈close by〉**102-3** /〈close to〉**64**, **102**
coincidentally　**87**
common　167, **293**
competence　**255-6**
completely　128, **130-2**
component　**268-9**, 282, 296, 303
compose　260, 292
comprise　**290-2**
concurrently　**87**
conductive　**182**
consequently　**88**
considerably　129, 140, 142, 156, 161
consist of　54, **290-2**
constant　154
constituent　**268-9**
constitute　292
contain　30, 215, **290-1**
contamination　139, **270**
contemporarily　**87**
content　165, **268-9**
contents　29, **268-9**
contribute　**180-1**
cost　63, **265-7**
could　85, 150, 199, **228-32**, 262
counterclockwise　123　→〈clockwise〉
create　**176**
describe　196, **282-3**
develop　87, 181, 205, **284-7**, 293, 302
device　190, 197, 259, **271-5**, 291
diagonally　**123**
different　40, 74, 177, 195, 209, **294-5**
differentiate　**294-5**
difficult　42, 88, 245, 254, 260, 286, 288
difficulty　245, 261
dimension　**23-4**
distinct　**294**
distinguish　260, **294-5**
district　**263-4**
double　158, 171, 256
downward　**122**
dozens of　61
drive　94, 130, **177**, 199
due to　**179-80**, 199
durable　**36**, 217
during　31, 62, **86**, 94, 156, 158-9, 253, 284

e.g.　**301-4**
each　23-4, 26, 28, 30, 43, 44, 84, 106, 110, 112, 117, 209, **224-6**, 231, 235, 248, 253, 260, 290, 296
earlier　**84-5**
easily　101, 113, 202, 230, **244-6**, 295
easy　88, 134, 212, 227, **244-6**, 295
effect　183, **261-3**
effective　135, 136, **297**
effectiveness　297
efficacious　**297**
efficacy　297
efficiency　297
efficient　136, **297**
electric　20, 67, 93-4, **300-1**
electrical　69, 189, **300-1**
electronic　182, **300-1**
element　260
employment　170, 177, **252-4**
enable　101, **276-7**
engender　**177**
enhance　**284-6**
enough to　40, **184**
entirely　**131**
equipment　178, 182, **271-2**, 275, 301
every　80, 88, 109, **147-8**, **166**, 169, **224-5**, 280, 306-7
exchange　139, 170, 176, **279-80**
expand　154, 261, **278**
expenditure　166, **265-8**
expense　63, **265-7**, 297
explain　208, **282-3**
extend　30, **278-9**
extent　132
extremely　62, 64, 129, 132, 150, 175, 247, 282
face (facing)　27, **28-9**, 95, **111-2**, 217
factor　181, 277
faculty　**255-6**
far　**101**, 135, 142
fare　**265-6**
feature　166, **257-9**, 298
fee　85, **265-7**
few (a few)　**61**, 102, 137-8, 140, 142, 147-8, 167, 224, 232, 250
finally　81, **84**
flexible　**35**

316

fluctuation 289
flush with **116**
fluctuate **289-90**
following **84**, 259
for （目的・機能）**190** /（原因・結果・理由）176-85 /〈for example〉301-4 /〈for instance〉301-4
foreign body 270
foreign matter **270-1**
form 45, 46, 96, 212, **292**
forward **122-4**
fractionally **157**
fragrant **37**
frequently 146
from （位置・場所）**92-3**, 101, **104-6**, 113, 122, 124 /（原因・結果・理由）174, 176, **180**, **182-3**, 185 /〈from～to…〉（時間）83, 86, 161/〈from～to…〉（場所）124
front 27, 115, 118, 138, 217 /〈in front of〉**108-11**, 117-8, 124, 223
fully **131**, 213, 283
function **189-91**, 215, 296
generally 146, 181, 284
generate 57, **176**
give rise to **176**
gradually **155-6**, 285
hard 133-5, 175, 209, 243, 252-3
hardly 132, 146, **167**, **227-8**
have to 95, 98, 102, 199, 201, 228, **247**, 282, 306-7
horizontally **123**
i.e. 261, **305**
illustrate **282-3**
impetus for **181**
implement **274**
impossible 130, 227, 231, 261
improve 257, 262, 279, **284-6**
in and out **124**
in line with **115**
in order to **188**, 223, 250, 279, 284, 286, 302
in other words **304-7**
in proportion to **166**
incite **178**
include 50, 255, **290-2**
increase 129, 141, 154-5, 157-8, 161, 171, 176, 183, 276, **278-9**, 285

indeed **304-5**
individual 176, **296**
induce **176**
influence 245, **261-3**
inform 86, 131, **281**
ingredient **268-9**
initially **83**, 160-1
instrument 257, **274**
investigation 63, 175, **264-5**
labor 169, **252-3**
later **84-5**, 238, 285-6
lead to **175**, **181**
level off 156, 161
liable **181**, **245**
like 130, 223, 231, 246, 259-60, **301-4**
likely 150, 245 →〈unlikely〉
little (a little) **61**, 85-6, 129, 135, 142, **157**, 167, 243, 261, 294, 300
machine 26, 62, 75, 135, 167, 189, 200. 212, 235, 244, 256, **271-4**, 280
machine tool 274
machinery **273**
make 〈made by〉167, 199, 212, **237** /〈made from〉**35**, **237** /〈made of〉31, 33-5, 213, 215, 217, 237/〈made with〉237 /〈make up〉292
man-made **298-9**
manner **195-6**
marginally 129, **157**
material 34-5, 40-1, 151, **259-61**, 276, 289
matter **259-61**, **270-1**
means **194-5**, 199-200, 210
mechanism 33, **273**
mention **282-4**
method 171, **195-6**, 287
moderately **157**
more or less **63**
must 30, 40, 45, 69, 82, 92, 103, 104, 113, 115, 147, 150, 166, 203, **247-8**, 250, 279, 280, 281, 296, 301-2
namely **304-6**
nature **257-8**, 305
near 27, **101-2**
nearly **64**, **131**, 148, 242-3
never 146, **225**, 231
next to 103, **106**

none **167**, 224-5
not〜too **243**
notify **281**
number（数値）49, 62, 137-8, **234-6** /（番号）50, **234-5** /〈a large number of〉236 /〈a number of〉236, 259 /〈a small number of〉236 /〈great numbers of〉236 /〈numbers of〉235-6 /〈the number of〉〈the numbers of〉25, 49-50, 63, 141, 164, 168, 179, 234-6, 278, 290
obviously **150**
occasionally **146**, 223
occupation **176**, **252-4**
octagon **17**
off（位置・場所）**94**, 96-7, 120, 122, 123
often **46**, 50, 146-7, 243, 245, 252, 286
on account of **179**, **184**
only to 〜 **184**
onto **30**, 91, 94, **96**, 214
operate **189-90**, 273
opposite **110-1**
or（すなわち、つまり）**306**
oriented **111**
other (the other, others, the others) **43**, 54, 56, 63, 85, 106, 110, 112, 117, 138, 148, **222-4**, 234, 245, 248, 269, 277, 283, 286
ought to **150**, **248**
out of（位置・場所）**98-100**, 123-4 /（原因・結果・理由）**180**
over（位置・場所）**94-97**, **112-5**, 126
overlook (overlooking) **112**
owing to **178-9**
parallel **43**, **116**
particularly **243**
partly **132**
past **80**, 126, 171, 231
payment **56**, **268**
peak **160-1**
percent（割合・比率）56, **164-5**, 278-9
perfectly **132**
perhaps **150**
perpendicular **116**, **124**
pollution **270**
popular **195**, **293**, 305
possible **130**, 228, **231-3**, **276-7**, 280, 281, 286
possibly **150**, **231-2**

potential **255-6**
practically **131**
precipitate **177**
price **83**, 122, 151, 159, 183, 262, **265-7**, 291
primarily **88**
probably **150-1**
procedure **196**, 283
process **35**, 62, 167, **197**, 203-4, 279, 285
profession **252-5**
prompt **177**, 268
property **177**, 180, **257-9**, 305
proportion **165-6**, 168
provide **190**, 232, 283
quality **151**, 181, **257-8**, 285, 289
quite **61**, 64, 101, 129-30, 132, 142, 261
rarely **146**, **227-8**
rate **56**, 64, 85, 139, 155, 166, **169-70**, 178, 182-3, 196
rather **129**, 142
ratio **166**, **168**
reasonably **128-9**, 132
reform **182**, **284-6**
region **263-4**
regional **264**
replace **279-80**, 303
research **205**, **264-5**, 267
respectively **50**, **233-4**
result（動詞）174 /（名詞）167, 204, 233, 297 /〈a result of〉183 /〈as a result of〉88, 179 /〈result from〉182, /〈result in〉175, 183, 196
rotate **91**, **125**
roughly **63**
routine **196-7**
say（ところで）**303** /〈to say〉（つまり・言い換えれば）**305**
scarcely **227**
segment **18**
seldom **146**, **227-8**
separate **104**, **296-7**
separately **296**
serve **189-90**
shall **54**, 56, 171, **246-7**
should **28**, 111, 122, 150-1, 197, 203, **247-8**, 256, 286, 288
side（面・側面）**26-7**, 30, 31, 32, 45, 90, 92,

318

111, 115, **118-9**, 203, 215 /〈from side to side〉124 /〈on either side of〉107
significantly　129
simple　244, 276, 283, 288
simultaneously　87
since（原因・結果・理由）**185**
skill　179, 252, **255-7**, 284
slightly　129, 142, 157, 209, 302
so as to　**188**
solid　23
sometimes　146
somewhat　129
stable　154, 250
state　209, **282-3**
steady　154
study（調査・研究）**265**, 305-6
substance　**259-61**, 283
substantially　129, **156**
substitute　**279-80**
such as　46, 179, 264, **301-4**
surface　**27-9**, 36, 41, 57, 97, 115, 116, 212, 215
synchronously　87
synthetic　**298-9**
system　68, 81, 136, 176, 178, **196**, 226, 256, 262, 275, 277, 282, 285-6, 288, 291, 296
talent　**255-7**, 287
task　**252-4**, 256
teach　195, 255, **281-3**
tell　227, **281-2**
tendency　155, 181
thanks to　**180**
that is (to say)　**304-6**
through（位置・場所）**97**, **99-103**, 120, **123**, **126** /（原因・結果・理由）179 /（手段・方法）198, 205
thoroughly　**133**
till　239
time〈at the same time〉**87** /〈by the time〉239 /〈from time to time〉146
tool　194, **274**
top　27-8, 32, 92, 93, 103, 106, 108-9, 117, 119-20, 213
totally　128, **130-2**
touch off　**177**
toward　43, 111, 116, **122**, 155, 180, 183
trade　**252-4**

treatment　**197**, 305-6
trigger　**177-8**
unchanged　154
underneath　**110**, **119**
underside　119
unemployment　170, 177
unit　69, 74, **275**, 288, 296
unlikely　150-1
unnatural　**298-300**
unreliable　245
until　103, 161, **238-9**, 280
up and down　**123**, 160
upward　**122**
using　**201-4**
usually　27, 30, 31, 32, 42, 107, 111, 114, 119, **147**, 201, 215, 246, 280, 295, 306
utensil　**275**
variation　**289-90**
vary　**289-90**
vertically　**122**
via　198, **205**
virtually　**63**, **131**, 242
vis.　**304**
volume　26, 49, 66, 74, 138, 261
while　57, **85**, 183
with（手段・方法）197-8, **201-5**
work　92, 114, 133, 135-6, 140, 147, 167, 175, 180, 183, 194, 210, 238, 244-5, 247, **252-4**, 262, 267, 273, 286

監修◆Darren Botting（ダレン　ボッティング）
　ブルネル大学卒業（BSc.）。サリー大学にてPGCE取得。橋梁エンジニアとして10年間勤務した後、96年来日。英会話学校講師を経てメディア総合研究所 語学教育センターの専任講師。メールマガジンのコメンテーターとして人気がある。

◆和田　峻（わだ　たかし）
　横浜国立大学工学部卒業。化学会社で研究部門、製造部門を歴任後、海外部で海外技術者の指導、および翻訳を担当。メディア総合研究所に移籍後、翻訳、校閲、翻訳家養成講座の講師を担当している。

執筆◆Jonathan Holliman（ジョナサン　ホリマン）
　ロンドン大学卒業　地理学・植物学専攻。1980年代から1990年代まで国連大学（東京）研究員。環境問題の企画・出版を担当。同時にメディア総合研究所で翻訳校閲、および翻訳家養成講座の講師、教材開発を担当。現在ニュージーランド在住。

◆二見聰子（ふたみ　さとこ）
　お茶の水女子大学仏文科卒業。大手コンピュータメーカーで営業を担当。メディア総合研究所 語学教育センターで学び、翻訳家となる。ビジネス全般の翻訳や英語教材の執筆、通信講座の添削指導などで活躍している。

テキスト翻訳◆河村京子・福田京子・川井三保子・山下節子
イラスト◆島津香里 ほか

ネイティブが教える 英 語 表 現 辞 典

2004年4月27日　初版第1刷発行
2019年3月5日　初版第11刷発行

編著者──メディア総合研究所　語学教育センター
発行者──二宮俊一郎
発行所──株式会社メディア総合研究所
　東京都渋谷区千駄ヶ谷4-14-4 SKビル千駄ヶ谷4F
　郵便番号　151-0051
　電話番号　03-5414-6210
　振替　00100-7-108593
　ホームページ　http://www.mri-trans.com
印　刷──東京印書館

©Media Research, Inc. 2004 Printed in Japan
ISBN978-4-944124-18-3
NDC分類番号836　A5判（21.0cm）　総320頁

落丁・乱丁本は直接小社読者サービス係までお送りください。
送料小社負担にてお取り替えいたします。

電子書籍版も販売しております。詳細は弊社ウェブサイトをご覧ください。
https://mri-trans.com/index.php